U0838619

酒店会计与管理

杨净雯　牛　帅◎著

中国商业出版社

图书在版编目（CIP）数据

酒店会计与管理 / 杨净雯，牛帅著. -- 北京 : 中国商业出版社，2025. 8. -- ISBN 978-7-5208-3558-9

Ⅰ. F719.2

中国国家版本馆 CIP 数据核字第 2025TK4102 号

责任编辑：王　彦

中国商业出版社出版发行

（www.zgsycb.com　100053　北京广安门内报国寺 1 号）

总编室：010-63180647　编辑室：010-63033100

发行部：010-83120835 / 8286

新华书店经销

廊坊市博林印务有限公司印刷

*

710 毫米 ×1000 毫米　16 开　13.5 印张　226 千字

2025 年 8 月第 1 版　2025 年 8 月第 1 次印刷

定价：75.00 元

* * * *

（如有印装质量问题可更换）

前 言

随着我国经济结构的不断优化和服务业比重的逐步上升，酒店行业作为现代服务业的重要组成部分，呈现出多元化、高质量、智能化的发展趋势。特别是在海南自贸港建设的背景下，酒店行业的发展更是迎来了新的机遇和挑战。海南自贸港作为我国对外开放的重要窗口，其建设对于推动我国经济高质量发展具有重要意义。自贸港的建设将为海南带来更加开放的政策环境、更加便利的贸易条件和更加广阔的发展空间，这将为酒店行业的发展提供有力的政策支持和市场机遇。在这样的发展格局下，酒店企业愈加重视内部管理的精细化和财务管理的规范化。特别是会计核算在酒店经营管理中所承担的职能，也由传统的账务记录，逐步拓展至数据支持、成本控制、绩效评价和战略决策等多个维度。相比一般工商企业，酒店经营呈现出业务类型多样、服务对象多变、成本结构复杂、部门分工细致等特征，决定了其会计处理工作的专业性和综合性。无论是前厅接待、客房运营，还是餐饮服务、商场购销，抑或是行政管理与资源配置，每一环节均涉及特定的财务处理逻辑。因此，建立一套符合酒店行业特点、兼具规范性与实操性的会计核算体系，对于提升企业管理效能和财务透明度具有重要意义。

本教材在内容编排上，通过概论部分明晰酒店行业的基本概念、组织架构和财务管理定位，从而奠定理解全书的基础。继而逐步引入酒店会计核算的基本知识，以帮助读者建立完整的会计认知框架。在实务操作层面，围绕酒店最为核心的客房与餐饮业务，分别展开对其会计核算的阐述；此外，书中还涵盖酒店商场购销业务与行政管理支出的核算处理，充分体现出酒店多业务融合背景下的财务处理逻辑。在会计技能提升部分，通过对会计分析、查账方法以及账务处理技巧的讲解，增强读者在财务管理工作中的实践能力；在报表编制章节，从资产负债表、利润表、现金流量表到企业内部会计报表，为酒店财务人员提供明确的编报思路与格式指引，以促进管理信息的有效传达与利用。

本教材既适合酒店管理、会计等相关专业的教学使用，也可作为酒店财务人员与管理人员学习参考的工具书。希望本教材的编写，能够为读者进一步理解酒店业务特性与会计核算方法提供助力，并在推动酒店财务管理水平提升的过程中发挥应有的作用。

目 录

第一章　概　　论

酒店作为旅行与住宿的核心载体，以其多样化的服务、精致的设施及独特的文化氛围，成为连接游客与目的地的温馨港湾。酒店的基本概念，是理解其运营与服务的基础；而酒店的组织结构与业务分类，则揭示了其内部运作的奥秘与多样性。至于酒店的财务管理，它不仅是确保酒店稳健运营的基石，更关乎酒店的盈利能力和长远发展。本章全面概述酒店基本概念、组织结构和业务分类以及酒店财务管理的目标、内容和岗位。

第一节　酒店基本概念

酒店，作为旅游产业链中的重要环节，其存在与发展对于促进地方经济、提升城市形象以及满足人们日益增长的旅居需求具有不可替代的作用[①]。酒店的基本功能是向客人提供食宿，这一核心定位既贯穿了其发展的始终，也是酒店业得以繁荣发展的基石。从本质而言，酒店的定义是为旅客提供住宿和餐饮服务的场所，这一简洁明了的定义，精确地概括了酒店的核心功能和服务内容。住宿作为酒店最基本的服务，旨在为旅客打造一个安全、舒适、便捷的休憩环境，确保他们在经历旅途劳顿后能够获得充分的休息和体力恢复。至于餐饮服务，则构成了酒店服务的另一重要支柱，它不仅满足了旅客的生理需求，更通过精致的菜肴、幽雅的环境和周到的服务，为旅客带来了味觉上的盛宴和精神上的愉悦。

① 宋涛．酒店财务管理［M］．武汉：华中科技大学出版社，2014：2.

作为城市服务体系的关键环节，酒店的数量和质量往往直接映射出一个城市的基础服务水平。一个城市中星级酒店的数量及其档次，不仅代表了该城市在旅游接待方面的硬件实力，也反映了其软件服务水平的高低。特别是高星级酒店，通常配备有完善的设施、卓越的服务和专业的管理团队，能够为旅客提供全面、高品质的旅居体验。因此，它们往往成为城市对外展示的窗口，是城市形象和接待能力的直接体现。酒店业的发展历史悠久，经过100多年的演变，现代酒店业已经发生了较大的变化。从最初的简单客栈到如今的豪华酒店、连锁酒店、主题酒店等多元化形态，酒店业在不断创新中满足了旅客日益多样化的需求。然而，尽管酒店业在形式和内容上发生了诸多变化，但其本质特征却始终如一。一般而言，酒店应具备以下几个特征，这些特征共同构成了酒店作为旅游服务提供者的基本属性：

第一，酒店是一个设施齐全且获得政府批准的住宿场所，这一特点凸显了酒店的物质基础和合法性。设施齐全意味着酒店必须提供一定数量的客房、床位以及配套的卫生和安全设施，确保旅客的基本住宿需求得到满足。作为公共场所，酒店的建筑设计和施工必须遵循国家相关标准和规定，并通过政府的批准和验收，以保证其安全合规。酒店的建筑设计不仅关乎其功能性和美观性，更与旅客的住宿体验紧密相关。一个设计优良的酒店，应充分考虑旅客的需求和习惯，并能提供舒适、便捷的居住环境。例如，客房布局需合理，采光和通风要良好，隔音效果要佳，应确保旅客能享受到宁静、舒适的休息空间。此外，酒店还应配备完善的公共设施，如餐厅、会议室、健身房等，以满足旅客的多样化需求。

第二，酒店以住宿和餐饮服务为核心，向顾客提供多样化服务，这一特点强调了酒店的服务特性和核心价值。住宿和餐饮服务是酒店最基本且最重要的服务项目，直接关系到旅客的满意度和忠诚度。酒店需不断提高服务质量，优化服务流程，确保旅客能享受到高效、周到的服务。除住宿和餐饮服务外，酒店还应根据旅客需求和市场变化，不断拓展服务范围和内容。例如，提供旅游咨询、票务代理、行李寄存、洗衣熨烫等增值服务，以满足旅客旅途中的各种需求。酒店还应关注旅客的个性化需求，提供定制化服务方案，如为商务旅客提供会议设施、商务秘书等服务，为家庭旅客提供儿童游乐设施、家庭套房等。

第三，酒店是一个企业，在承担社会责任的同时，还追求合理的利润，这一特点明确了酒店的商业属性和社会责任。作为市场经济的参与者，酒店必须遵循市场规律，通过提供优质服务和产品来赢得市场份额和利润。酒店应承担相应的社会责任，如保护环境、关爱员工、参与公益慈善等。酒店在追求经济效益的同时，必须兼顾社会效益和环境效益的平衡。例如，酒店可采用节能环保的设备和材料、推广绿色消费理念来减少对环境的影响；通过提供公平的就业机会、改善员工工作条件、加强员工培训来关爱员工；通过参与社区建设、支持教育事业、捐赠款物给慈善机构来回报社会。

第二节 酒店组织结构和业务分类

一、酒店的组织结构

酒店组织结构是指酒店各部分的划分，各部分在组织系统中的位置、集聚状态及互相联系的形式[①]。酒店组织结构从形式上看由两大部分构成：①酒店内各部分的划分；②在酒店系统中各部分的组合形式。酒店的组织架构体现了管理团队的经营哲学与管理体系，直接关系到运营的效率和成效。该架构是在遵循组织原则的前提下，依据酒店的具体情况而构建的。

（一）酒店组织机构的具体划分

酒店组织机构的划分是根据酒店的组织原则和酒店的业务特点进行切块和分层的。酒店组织机构的具体划分主要包括以下方面，如表 1-1 所示。

表 1-1 酒店组织机构的具体划分

分类	内容
酒店上级机构	酒店的上级机构通常指的是酒店的投资者，他们拥有对酒店产权的最终决策权，并以所有者的身份监督和约束酒店经营者的管理行为。在某些情况下，如独资或自行管理的酒店，上级机构可能并不存在，我国的许多酒店通常都设有上级机构

① 王丹鹤 . 酒店管理概论 [M]. 北京：机械工业出版社，2022：9.

续表

分类	内容
酒店内部部门	酒店业务繁多，根据不同的业务内容，将酒店的运营划分为多个部门。通常情况下，酒店的部门可以分为前台部门和后台部门。前台部门位于服务一线，直接与客人互动，提供面对面的服务，包括销售部、公关部、前厅部、客房部、餐饮部、娱乐部、康乐部以及商品部等。后台部门位于二线，不直接与客人接触，但会为客人提供必要的支持和服务，涵盖人事部、财务部、工程部、保安部、采供部以及办公室等。部门的划分并非固定不变，而是根据组织结构原则和多种因素综合考量后确定的
酒店其他机构设置	我国部分酒店除业务的前台部门和后台部门外，还根据我国的国情、法律、政治经济体制等，设置有其他机构，主要包括以下几个方面：①党组织的领导机构。党组织的领导机构要对酒店的正常运行、经营决策、实现组织目标起监督保证作用。②工会组织机构。工会是职工代表大会的常设机构，工会通过职工代表大会的形式使职工行使民主管理的权利，监督酒店的活动，维护广大职工的利益

（二）酒店组织结构的类型

在对酒店部门进行划分之后，必须对各部门在组织架构中进行明确的定位，确保它们能够有效地协同工作。我国的酒店业采用多种管理模式，因此也存在着多种不同类型的酒店组织结构，目前我国较典型的酒店组织结构包括以下几个类型。

1. 直线制组织结构

直线制组织结构是一种按照垂直领导原则构建的组织结构，其核心特征在于组织内部的各个层级是按照垂直系统进行排列的，酒店的指令和信息流是从顶层直接下达至基层，并在各级之间传递的。在这种结构中，各级管理人员对其下属拥有直接且全面的管理权力，从而确保了业务的统一指挥。直线制组织结构可能不设立职能部门，或者仅设立一两个职能部门，这些部门通常承担多种管理职责。例如，办公室作为一个职能部门，可能同时负责行政、人事、保安和财务等多项任务。直线制组织结构更适合规模较小、业务相对简单的酒店。

2. 直线职能制组织结构

在我国，大多数酒店采用的是直线职能制组织结构，这种结构特别适合那些拥有完善旅居设施但未涉及多样化经营的酒店。直线职能制组织结构的核心在于将酒店的所有部门划分为以下几个方面：①业务部门（亦称直线部门），这些部门按照直线原则组织并实施垂直指挥，如酒店的前厅部、客房部、餐饮部、娱乐部、工程部等均属于业务部门；②职能部门，这些部门依据分工和专业化原则执行特定的管理职能。酒店的办公室、人事部、财务部、保安部等均属于职能部门。直线业务部门的管理者在其职责范围内拥有对业务的决策权，能够对其下属进行指挥和命令，并要承担全部责任。而职能部门的管理者则仅能为业务部门提供咨询和相关管理职能的业务指导，无权指挥和命令业务部门。直线制与职能制的结合构成了直线职能制的组织结构。

酒店的直线职能制组织结构可以有多种表现形式，其中总监制是一种较为常见的形式。总监制指的是在总经理和部门经理之间增加一个管理层次——总监。总监可以负责某一特定业务领域的工作，如客房总监、餐饮总监等，也可以负责多个业务领域。总监制的设立是为了应对总经理管理范围过宽的问题。例如，在一些规模较大的酒店，客房数量众多，同时拥有大规模的洗衣房和园林绿化设施，酒店客房部的组织结构过于庞大，因此设立房务总监来统一管理客房部和前厅部。

3. 事业部制组织结构

在工业企业中，事业部制组织结构得到了充分应用，这种结构是在总公司的统一领导下，设立多个专注于特定产品的事业部。每个事业部在经营管理上享有自主权和独立性，其核心特征是公司层面进行集中决策，而各事业部则负责分散经营，每个事业部都执行独立核算。尽管酒店不生产有形产品，不像工业企业那样围绕产品设立事业部，但酒店提供的服务是无形产品，会面临许多与产品相关的问题。此外，酒店还涉足多种与主营业务相关的经营活动，并拥有多个下属公司，因此在实行现代企业制度后，一些酒店公司也采用了类似事业部制的组织结构。例如，有的酒店集团下设旅行社、大型餐馆、酒店用品制造工厂等附属机构；有的则拥有独立的公寓楼、写字楼等。在这样的结构中，酒店主体作为一个核算单位，其下属的各个单位同样作为独立的核算单位，共同构成了酒店的组织系统。酒店公司可以设立职能部门来管理整个系统的相关事务，而各下属单位也可以设立相应的职能部门或职能岗位，以处理各自子系统的相关业务。

4. 矩阵型组织结构

矩阵型组织结构是工业和企业领域中常用的一种组织架构，在这种结构中，职能部门以垂直列的形式在组织图上排列，而产品事业部则以水平行的形式排列，二者交叉形成矩阵状，这种布局构建了纵横两套管理系统。产品事业部设有经理，直接向总经理汇报工作。职能部门也设有经理，其成员能够参与各个产品事业部的工作。目前，许多酒店集团和提供管理服务的大型酒店均采用了矩阵型组织结构，这些酒店的矩阵型组织结构是在传统工业企业矩阵型组织结构的基础上，根据酒店行业的特点进行了适应性改进。在酒店集团中，公司作为一个整体系统，设有领导机构和各职能部门，这些职能部门对各个产品事业部实施专业化管理。产品事业部的成员则接受产品事业部经理的领导，职能部门能够为产品事业部提供专业的指导和检查，但不拥有直接指挥权，这种组织形式既确保了整个公司系统在统一的领导下运作，又能够充分激发各产品事业部的主动性和积极性。

（三）酒店组织管理的基本原则

酒店组织管理应遵循以下几个原则，如图 1–1 所示。

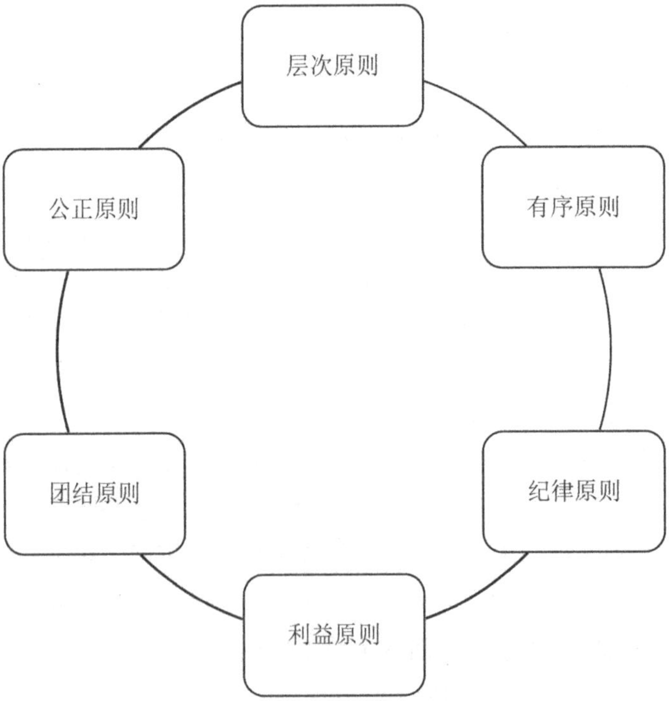

图 1–1　酒店组织管理的基本原则

1. 层次原则

在酒店管理中，组织结构的构建应当遵循层次原则，这意味着酒店的组织架构应该被划分为不同的层级和纵向系列。通过这种方式，决策过程和指令的传达可以沿着纵向系列从上层管理逐级向下层员工传递，确保每个层级的员工都能够清晰地了解其职责和上级的意图。执行情况和反馈信息也需要按照同样的层级顺序逐级向上汇报，以便管理层能够及时掌握酒店运营的实际情况和员工的工作表现。当层次关系明确无误时，酒店的组织决策和信息传达将变得更加高效和有序。

2. 有序原则

为了提供高质量和高标准的服务，酒店必须维持良好的人员和物资秩序，这要求酒店在管理上做到人有其位、位有其人、物有其位、位有其物。具体而言，酒店需要通过工作定岗位的方式，为组织内的每个人员分配明确的工作职责和位置，确保没有闲散人员的存在。所有的物资和设备也应当有其明确的存放位置和使用去处。通过这种严格的定岗定位，每个员工都应当坚守其工作岗位，并确保在工作时间内，每个岗位都有相应的人员在位，需要使用的物资和设备也能够被准确地找到，处于其应有的位置，这样的有序管理不仅提高了工作效率，也提高了服务质量，为顾客提供了更加舒适和满意的住宿体验。

3. 纪律原则

在酒店组织内部，每位员工都应当遵守组织的行为准则，这些准则构成了酒店的纪律。然而，纪律的建立不应仅仅依赖于强制性的规定，而应建立在对员工的尊重和自觉执行的基础上。纪律的存在不仅是为了限制员工的不当行为，更重要的是，它应当成为一种积极的激励机制，鼓励员工遵守规定，积极工作，从而提高整个组织的效率和团队的凝聚力。通过这样的纪律原则，酒店能够营造一个更加和谐、高效的工作环境，进而为顾客提供更加优质的服务。

4. 利益原则

在酒店组织内部，个人利益和部门利益都必须服从组织的整体利益，这意味着，无论是个人还是部门，在追求自身利益的同时，都应当确保其行为和决策符合组织的长远目标和整体利益，避免出现损害组织利益的情况。

5. 团结原则

酒店组织的管理人员应当重视并积极培养下属员工之间的团结合作精神，

鼓励他们发扬集体主义精神。管理者应该避免采取分而治之的策略，因为这种做法会导致组织内部的分裂，从而使得整个组织只能发挥出部分的效能。通过强化团队合作，可以使得组织的效能得到全面提升。

6. 公正原则

酒店组织的高层管理人员有责任将公正的理念传递到组织的每一个层级和角落，在处理组织内部发生的各种问题时，管理者应当明辨是非，公正无私地处理每一个案例。对待下属员工，管理者应当采取一视同仁的态度，避免出现任何形式的偏袒和不公。通过这样的方式，可以激励酒店组织内的全体人员都能够全力以赴，忠于自己的职责，共同为实现组织的整体目标而努力工作。

二、酒店的业务分类

在酒店业这一庞大且复杂的商业领域中，酒店的业务分类呈现出多元化且精细化的特点，这种分类不仅有助于酒店管理者更清晰地规划运营策略，也方便消费者根据自身需求选择合适的酒店服务。从多个维度对酒店业务进行剖析与归类，能够全面展现酒店运营的丰富内涵。

（一）基于服务对象与市场定位的业务分类

1. 商务型酒店业务

商务型酒店主要服务于商务旅客，这类旅客因商务活动而出行，对酒店的地理位置、商务设施以及服务效率有着较高的要求。从地理位置而言，商务型酒店通常选址于城市的商业中心、金融区或交通枢纽附近，这样的地理位置便于商务旅客快速抵达商务活动场所，为其节省时间和交通成本。例如，位于城市 CBD 核心地段的商务酒店，周边写字楼林立，各类商务会议、洽谈活动频繁，酒店能够充分满足商务旅客就近开展业务的需求。

在商务设施方面，商务型酒店配备了一系列完善的设备。会议室是商务酒店的重要组成部分，不同规模的会议室可满足各类商务会议的需求，从小型团队讨论到大型商务论坛，都能提供合适的场地。会议室配备了先进的视听设备、高速网络接口以及专业的会议服务人员，确保会议的顺利进行。此外，商务中心也是商务旅客经常光顾的地方，通常会提供打印、复印、传真、秘书服务等，满足商务旅客在出差期间的办公需求。

服务效率是商务型酒店的核心竞争力之一，商务旅客的时间通常较为紧张，他们希望酒店能够提供快速、高效的服务。从入住到退房的各个环节，商务酒店都力求简化流程，提高效率。例如，通过在线预订和自助入住系统，商务旅客可以快速完成入住手续，节省排队等待的时间。酒店的服务人员经过专业培训，能够迅速响应商务旅客的需求，并提供及时、周到的服务。

2. 度假型酒店业务

度假型酒店的目标客户群体主要是以休闲度假为目的的旅客，这类旅客希望在旅途中放松身心，享受悠闲的时光，因此对酒店的环境、娱乐设施以及餐饮服务有着独特的期望。度假型酒店的选址通常注重自然环境的优美与宁静，它们可能位于海滨、山区、湖畔等风景秀丽的地方，让旅客能够亲近大自然，远离城市的喧嚣。例如，海滨度假酒店拥有私人海滩，旅客可以在沙滩上晒太阳、游泳、冲浪，享受海边的乐趣；山区度假酒店则被茂密的森林和清新的空气所环绕，会提供徒步旅行、登山等户外活动，让旅客充分感受大自然的魅力。

娱乐设施是度假型酒店的重要组成部分，为了满足旅客在度假期间的不同娱乐需求，度假酒店配备了丰富多样的设施。游泳池是常见的娱乐设施之一，有些度假酒店还设有多个不同风格的游泳池，如无边泳池、儿童泳池等，满足不同年龄段旅客的需求。此外，健身房、水疗中心、高尔夫球场等也是度假酒店的标配。水疗中心提供各种按摩、美容护理等服务，帮助旅客缓解旅途疲劳，放松身心；高尔夫球场则为喜欢运动的旅客提供了休闲娱乐的好去处。

餐饮服务在度假型酒店中占据着重要地位，度假型酒店通常提供多样化的餐饮选择，包括当地特色美食、国际美食以及各种精致的点心和饮品。餐厅的环境设计注重营造舒适、惬意的氛围，让旅客在享受美食的同时，也能欣赏到美丽的风景。一些度假型酒店还会举办主题晚宴、烧烤派对等活动，增强旅客的度假体验。

3. 长住型酒店业务

长住型酒店主要服务于需要长期居住的客人，如因工作派遣、培训学习、医疗就医等原因在异地停留较长时间的旅客，这类客人对酒店的居住环境、生活设施以及性价比有着较高的关注度。

在居住环境方面，长住型酒店通常提供类似公寓的住宿单元，包括卧室、客厅、厨房和卫生间等功能区域，这种布局让客人能够感受到家的温馨和舒适，满足他们长期居住的需求。房间的装修风格注重实用性和舒适性，家具和家电配备齐全，客人可以直接入住，无须再额外购置生活用品。

生活设施是长住型酒店的一大特色，为了方便客人的日常生活，酒店配备了完善的设施。洗衣房提供自助洗衣和烘干设备，客人可以随时清洗衣物；健身房和休闲区则为客人提供了锻炼身体和放松身心的场所；超市或便利店则满足了客人日常购物的需求。此外，一些长住型酒店还提供定期的房间清洁和布草更换服务，让客人能够享受到便捷舒适的生活。

性价比是长住型酒店吸引客人的重要因素之一，与短期入住的酒店相比，长住型酒店通常会提供更优惠的价格策略。客人可以根据自己的居住时长选择不同的套餐，享受相应的折扣。酒店还会提供一些增值服务，如免费的早餐、免费的停车场等，从而进一步提高客人的满意度和忠诚度。

（二）基于酒店规模与档次的业务分类

1. 豪华型酒店业务

豪华型酒店代表着酒店业的顶级水平，以其卓越的服务质量、高端的设施设备和独特的品牌文化吸引着高端客户群体。在服务质量方面，豪华型酒店注重细节和个性化服务。从游客踏入酒店的那一刻起，就能感受到无微不至的关怀。酒店的服务人员经过严格的专业培训，能够准确把握客人的需求，并提供贴心、周到的服务。例如，私人管家服务是豪华型酒店的特色，管家会为客人提供全方位的服务，包括行程安排、餐饮预订、购物建议等，让客人无须操心任何事务，尽情享受旅行的乐趣。高端的设施设备是豪华型酒店的重要标志，酒店的客房装修豪华典雅，采用高品质的建筑材料和家具，配备先进的智能控制系统，客人可以通过手机或平板电脑轻松控制房间内的灯光、温度、窗帘等设备。酒店的餐厅提供顶级的美食体验，邀请知名厨师主理，选用新鲜的食材，精心烹制各种美味佳肴。此外，豪华型酒店还拥有豪华的宴会厅、会议室、水疗中心、健身房等设施，满足客人在商务、社交和休闲方面的各种需求。独特的品牌文化是豪华型酒店的核心竞争力，每个豪华型酒店品牌都有其独特的文化内涵和价值观，并通过酒店的建筑风格、装饰艺术、服务理念等方面体现出来。例如，以历史文化为主题，将当地的文化元素融入酒店的设计和服务中，让客人在享受高品质服务的同时，也能感受到浓厚的文化氛围；以时尚、现代为特色，注重创新和个性化，吸引追求时尚和品质生活的客人。

2. 中档型酒店业务

中档型酒店面向大众消费市场，以合理的价格、舒适的环境和基本的服务设施满足广大旅客的需求。在价格方面，中档型酒店的价格相对较为亲民，能够让大多数旅客接受。与豪华型酒店相比，中档型酒店的价格更具竞争力，适合预算有限的旅客选择。中档型酒店也会根据不同的季节、市场需求和促销活动调整价格，为客人提供更多的实惠。舒适的环境是中档型酒店的基本要求，酒店的客房虽然不像豪华型酒店那样奢华，但装修简洁大方，注重实用性和舒适性。通常在房间内配备了舒适的床铺、干净的卫生间和必要的生活设施，让客人能够有一个良好的休息环境。酒店的公共区域如大堂、餐厅、休息区等也保持整洁、明亮，营造出温馨、舒适的氛围。基本的服务设施是中档型酒店的核心竞争力，中档型酒店通常提供免费的早餐、免费的无线网络、行李寄存等基本服务，满足客人在旅途中的基本需求。此外，一些中档型酒店还会提供一些增值服务，如洗衣服务、叫醒服务、旅游咨询等，以提高客人的满意度。

3. 经济型酒店业务

经济型酒店以价格低廉、简洁实用为主要特点，主要服务于对价格敏感的旅客群体，如背包客、学生、商务差旅预算有限的旅客等。价格低廉是经济型酒店的最大优势，经济型酒店通过简化服务项目、优化运营成本等方式，将价格控制在较低水平，这使得那些预算有限的旅客能够以较低的成本获得一个安全的住宿场所，满足基本住宿需求。简洁实用是经济型酒店的设计理念，酒店的客房装修简单朴素，注重空间的合理利用。房间内通常只配备了必要的生活设施，如床铺、衣柜、桌子、椅子等，没有过多的装饰和豪华的配置。酒店的公共区域也以简洁实用为主，不提供过多的娱乐设施和服务项目，以降低运营成本。尽管经济型酒店的服务项目相对较少，但它们也会提供一些基本的服务，如 24 小时热水供应、安全保障等，确保旅客的基本权益得到保障。一些经济型酒店还会通过优化管理流程、提高服务质量等方式，提升客人的住宿体验。

（三）基于经营模式与特色服务的业务分类

1. 连锁酒店业务

连锁酒店是指通过品牌授权、统一管理等方式，在多个地区开设多家分店的酒店经营模式。连锁酒店具有品牌知名度高、服务质量稳定、管理规范等优势。品牌知名度高是连锁酒店的重要优势，连锁酒店通常拥有统一的品牌形象和标识，通过大规模的广告宣传和市场推广，在消费者心中树立了较高的品牌知名度。消费者在选择酒店时，往往会优先考虑知名品牌的连锁酒店，因为他们对品牌有一定的信任度和认同感。服务质量稳定是连锁酒店的核心竞争力，连锁酒店通过统一的服务标准和培训体系，能确保各分店的服务质量保持一致。无论是入住手续的办理、客房的清洁卫生，还是餐饮服务的质量，连锁酒店都能为客人提供稳定、可靠的服务体验，这种稳定的服务质量能够让客人感到放心和满意，提高客人的忠诚度。管理规范是连锁酒店的重要特点，连锁酒店拥有完善的管理制度和运营流程，从酒店的选址、建设、装修到日常的运营管理，都有严格的标准和规范，这种规范的管理模式能够提高酒店的运营效率，降低成本，也能保证酒店的各项服务符合行业标准和质量要求。

2. 主题酒店业务

主题酒店是以某一特定主题为核心，将酒店的建筑风格、装饰艺术、服务项目等都与主题紧密结合，为客人提供独特住宿体验的酒店类型。独特的主题设计是主题酒店的核心竞争力，主题酒店的主题可以多种多样，如历史文化主题、动漫卡通主题、自然风光主题等。酒店通过精心设计的建筑外观、室内装饰和景观布置，营造出与主题相符的氛围。例如，以海洋为主题的酒店，大堂可能会设计成海底世界的装修风格，有各种海洋生物的雕塑和装饰，客房的墙壁上可能绘制着海洋生物的壁画，床品和窗帘也可能采用与海洋相关的图案。个性化的服务项目是主题酒店吸引客人的重要因素，为了与主题相契合，主题酒店会提供一系列个性化的服务项目。例如，以电影为主题的酒店，可能会在客房内配备大屏幕投影仪和丰富的电影资源，让客人可以在房间里体验私人影院的感觉，定期举办电影主题活动，如电影放映会、明星见面会等，增强客人的参与感和体验感。

3. 精品酒店业务

精品酒店强调个性化、独特性和高品质的服务，通常规模较小，但注重细节和品质，为客人提供与众不同的住宿体验。个性化的设计是精品酒店的重要特色，精品酒店的建筑设计往往独具匠心，融合了当地的文化特色和艺术元素。酒店的内部装饰也注重细节和品质，从家具的选择到艺术品的摆放，都经过精心设计，营造出独特的氛围。例如，一些精品酒店可能位于历史建筑中，保留了建筑的原始风貌，并结合现代的设计理念进行改造，既具有历史韵味又不失时尚感。高品质的服务同样是精品酒店的核心竞争力，精品酒店的服务人员数量相对较多，能够为客人提供更加贴心、周到的服务。服务人员会根据客人的需求和喜好，提供个性化的服务方案。例如，为客人推荐当地的小众景点和特色餐厅，为客人安排私人定制的旅游行程等。此外，精品酒店还会注重客人的隐私保护，为客人提供一个安静、舒适的住宿环境。

第三节　酒店财务管理目标、内容和岗位

一、酒店财务管理的目标

酒店财务管理的目标是指酒店财务管理工作所追求的终极目标，鉴于酒店财务管理是在酒店整体经营目标的框架内，对酒店资金流动及其产生的财务关系进行管理，因此，酒店财务管理的目标与企业的总体目标紧密相连。企业通常以获取利润为最终目的，酒店财务管理的目标主要包括以下几个方面。

（一）利润最大化

利润代表了企业新创造的财富，利润越多，则说明企业的财富增加得越多，越接近企业的目标。但利润最大化存在以下缺点：①不符合货币时间价值的理财原则，它没有考虑利润的取得时间，不符合现代企业“时间就是价值”的理财理念。例如，今年获利 100 万元和明年获利 100 万元，明显今年获利时间早，可用所获利润再投资，取得额外报酬，最终其投资报酬应大于明年获利。②不符合风险与报酬均衡的理财原则，它没有考虑利润和所承担风险的关系，这可能会使财务人员不顾风险的大小去追求利润，增加企业的经营风险和财务风险。③没有考虑利润取得与投入资本额的关系。例如，同样获利 100 万元，一个企业投入资本 500 万元，另一个企业投入资本 600 万元，则投入 500 万元的投资报酬率要高，该利润是绝对指标，不能真正衡量

企业经营业绩的优劣，也不利于本企业在同行业中竞争优势的确立。④追求利润最大化通常会导致企业财务决策倾向于短期行为，即过分专注于当前的最大利润，而忽视了企业的长期发展。

（二）股东财富最大化

股东财富最大化旨在通过财务上的明智管理，为股东创造最大化的财富，从而实现企业财务管理的核心目标。股东成立企业的根本目的在于财富增值，若企业无法为股东带来价值，他们自然不会提供资金支持。因此，企业必须致力于为股东创造价值。在股份制经济体系中，股东的财富取决于其持有的股票数量以及股票的市场价格。当股票数量固定，且股票价格达到峰值时，股东的财富便实现了最大化。股东财富最大化又演变为股票价格最大化，其具有积极的意义，主要表现在以下几个方面：①股东财富最大化目标科学地考虑了风险因素，因为风险的高低，会对股票价格产生重要影响；②股东财富最大化目标在一定程度上能够克服企业在追求利润上的短期行为，因为不仅目前的利润会影响股票价格，未来的利润对企业股票价格也会产生重要影响；③股东财富最大化目标比较容易量化，便于考核和奖惩。

股东财富最大化目标存在以下不足之处：①适用范围存在限制，该目标只适用于上市公司，不适用于非上市公司，因此不具有普遍的代表性；②只强调股东的利益，而对企业其他关系人的利益重视不够；③股票价格受多种因素影响，这些因素并不都是公司所能控制的，把不可控因素引入理财目标是不合理的。

（三）企业价值最大化

企业价值最大化意味着通过合理的财务运营和采纳最佳的财务策略，充分考虑资金的时间价值以及风险与收益的平衡，在确保企业长期稳定发展的前提下，实现企业总价值的最大化，这一目标的核心理念是将企业的长期稳定发展置于首位，强调在企业价值增长的过程中平衡各方的利益。以企业价值最大化作为财务管理的目标，具有以下几个优点：①企业价值最大化目标考虑了取得报酬的时间，并用时间价值的原理进行了计量；②企业价值最大化目标科学地考虑了风险与报酬的关系；③企业价值最大化能克服企业在追求利润上的短期行为，因为不仅目前的利润会影响企业的价值，预期未来的利润对企业价值的影响所起的作用更大。

在追求企业价值最大化的目标时，酒店面临着诸多挑战需要深入探讨：①在企业价值的计量上存在一些问题。首先，将不同理财主体的自由现金流混合并进行折现，缺乏可比性；其次，将不同时点的现金流统一折现，缺乏说服力。②这一目标对管理层而言不易理解和掌握。实际上，企业价值最大化是多个具体财务管理目标的综合体现，包括股东财富最大化、债权人财富最大化以及各种利益相关者财富的最大化，因这些具体目标的衡量标准各异，导致财务管理人员难以抉择。③未充分考虑股权资本成本。在当今社会，股权资本并非无偿获得，而是与债权资本一样，如果不能获得最低的投资回报，股东们可能会选择将资本转移到其他投资机会。

二、酒店财务管理的内容

酒店财务管理是在酒店整体经营目标的要求下，有关资金的筹措和有效使用的管理活动和决策，是酒店管理的重要组成部分和核心[①]。酒店财务管理涉及对酒店资金的全面管理，贯穿于酒店资金运动的整个循环过程，其核心在于运用价值规律对酒店的生产经营活动进行综合性的管理。具体而言，酒店财务管理的内容涵盖了筹资决策、投资决策以及资金分配等关键方面。

（一）筹资决策

酒店企业要从事经营活动，必须筹集一定数量的资金，筹集资金是酒店财务管理的一项基本内容，是资金运动的起点。在筹资决策时，应侧重以下几个方面：①根据投资需要，确定筹资总规模。②选择合理的融资渠道、融资方式、融资工具。在保证数量和时间的前提下，合理确定融资结构，以降低融资成本与风险。可供酒店选择的资金来源渠道，按不同的标准可分为以下几个方面：

1. 权益资金与借入资金

权益资金指的是由酒店股东所提供的资金，这类资金无须偿还，因此筹资风险较低，但股东期望的回报率相对较高；它涵盖国家资本金、外商资本金、法人资本金以及个人资本金。借入资金是指由债权人提供的资金，这类资金必须按约定时间归还，存在一定的风险，但其要求的回报率通常低于权

① 李志宏．酒店财务管理 [M]．北京：北京理工大学出版社，2019：8.

益资金；它包括银行借款、应付预收款项、应交未付款项、发行债券以及融资租赁。

2. 内部筹资和外部筹资

酒店应在充分利用内部资金来源后，再考虑外部筹资的问题。内部筹资是指在酒店内部通过计提折旧而形成的以及通过留用利润等而增加的现金来源。内部筹资是在酒店内部“自然地”形成的，它一般不需要花费筹资费用。外部筹资是指向酒店外部筹集形成的资金来源。通常刚开始营业的酒店内部筹资能力有限，处于成长阶段的酒店，内部筹资往往也难以满足需要。因此，酒店就要广泛开展外部筹资。外部筹资通常需要花费筹资费用，如发行股票、债券需支付发行成本，取得借款需支付一定的手续费等。

3. 长期资金和短期资金

长期资金指的是酒店长期占用的资金，涵盖了权益资本和长期债务。通常情况下，将超过一年但不超过五年的借款归类为中期资金，而五年以上的资金则被视为长期资金。短期资金指的是需要在一年内偿还的资金。鉴于长短期资金在融资速度、成本和风险等方面存在差异，酒店在筹资决策过程中面临的一个关键问题是如何合理配置长期筹资与短期筹资的比例。

（二）投资决策

投资是以收回现金并取得收益为目的而发生的现金流出，投资决策应侧重以下几个方面：①考虑投资规模，评估在何种投资规模下酒店的经济效益最佳；②选择合理的投资方向、投资方式和投资工具；③确定合理的投资结构，以提高投资效益，降低投资成本和风险。酒店的投资决策，按不同的标准可以分为以下类别。

1. 直接投资与间接投资

直接投资也称作生产性投资，涉及将资金直接注入酒店的经营性资产，目的是赚取利润，包括建设酒店、购买设备、存储库存等。间接投资又称金融性资产投资或证券投资，涵盖对政府债券、企业债券、股票等金融工具的投资。

2. 对内投资与对外投资

对内投资主要有以下几个方面：①用于购买房屋、设备、运输工具等劳动资料，形成固定资产；②用于购买原材料等劳动对象、支付工资等费用，形成流动资产。资金运用是酒店财务的重要环节，一方面，资金运用过程是资金消耗占用、价值转化过程，即成本费用形成过程；另一方面，资金运用过程是资金增值过程，即利润形成过程。对外投资是指酒店以购买股票、债券等有价证券方式或以现金、实物资产、无形资产等方式向企业以外的其他经济实体进行的投资，其目的是获取投资收益、分散经营风险、加强企业间联合、控制或影响其他企业。

3. 长期投资与短期投资

长期投资通常指那些需要超过一年或一个营业周期才能实现回报的投资，这类投资主要集中在固定资产上。有时，长期投资也被称作固定资产投资。短期投资指的是那些预期在一年或一个营业周期内能够回收的投资，主要包括应收账款、存货以及短期有价证券等，这类投资也被称为流动资产投资。

（三）资金分配

酒店通过投资赚取的收入需进行分配，其中一部分用于补偿生产成本，确保酒店的生产经营活动得以持续；另一部分则需按照规定缴纳各类税金；余下的部分即为酒店的净利润，这部分归企业的投资者所有。酒店在获得销售收入后的资金分配流程包括：①缴纳营业税及其附加费；②补偿在生产经营过程中产生的各项费用；③税后利润的分配，这主要体现在提取盈余公积金和向投资者支付利润两个方面。

三、酒店财务管理的岗位

在酒店运营的复杂体系中，财务管理岗位犹如精密仪器中的关键部件，对酒店的稳定运营、可持续发展以及经济效益的提升都起着至关重要的作用，它贯穿于酒店经营活动的各个环节，从资金的筹集、运用，到成本的管控、利润的分配，每一个决策和操作都紧密关联着酒店的财务状况与市场竞争力。酒店财务管理的岗位主要包括以下几个方面，如图 1-2 所示。

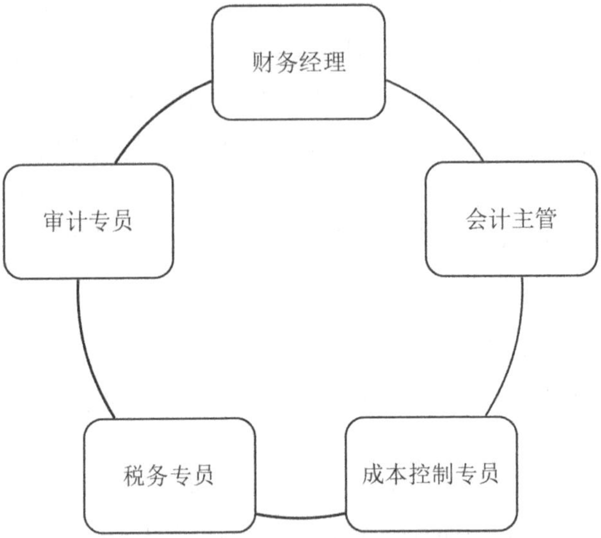

图 1-2　酒店财务管理的岗位

（一）财务经理

财务经理是酒店财务管理岗位的核心人物，在酒店财务管理的顶层架构中占据关键地位。他们肩负着制定酒店整体财务战略的重任，这一战略并非孤立存在，而是需要与酒店的整体经营战略深度融合，确保财务资源的配置能够有力支持酒店业务目标的实现。在预算管理方面，财务经理需凭借深厚的专业知识和丰富的行业经验，组织并指导各部门编制科学合理的预算。他们不仅要对酒店的历史财务数据进行深入分析，还要精准把握市场动态和行业趋势，并以此为依据对未来的收入、成本、费用等进行合理预测。在预算执行过程中，财务经理需建立有效的监控机制，定期对预算执行情况进行评估和分析，及时发现偏差并采取有针对性的调整措施，确保预算目标的顺利达成。

财务分析是财务经理的重要职责，他们需要运用多种财务分析工具和方法，对酒店的财务报表进行全面、深入的剖析，揭示酒店的经营状况、盈利能力和财务风险。通过对财务指标的动态监测和对比分析，财务经理能够为酒店管理层提供有价值的决策支持，帮助他们制定更加明智的经营策略。在资金管理领域，财务经理需统筹规划酒店的资金来源和运用。他们还要积极拓展融资渠道，根据酒店的资金需求和市场条件，选择合适的融资方式，确保酒店拥有充足的资金支持日常运营和发展，优化资金配置，提高资金使用效率，降低资金成本，防范资金风险。财务经理还需与酒店内外部各方保持良好的沟通与协作：①对内，他们要与各部门密切配合，确保财务工作的顺利开展；②对外，他们要与银行、税务、审计等机构建立和维护良好的关系，为酒店创造有利的外部环境。

（二）会计主管

会计主管是酒店财务管理中负责会计核算和财务报表编制的关键岗位，他们需要确保酒店各项经济业务的会计处理准确无误，为酒店的财务管理提供可靠的数据支持。在会计核算方面，会计主管要依据国家相关法律法规和会计准则，结合酒店的实际情况，建立健全酒店的会计核算体系。他们要对酒店的各项收入、成本、费用等进行细致的分类和核算，确保每一笔经济业务都能得到准确、完整的记录。会计主管还需加强对会计凭证、账簿和报表的审核和管理，保证会计信息的真实性和可靠性。财务报表编制是会计主管的核心工作之一，他们需要按照规定的时间和格式，编制资产负债表、利润表、现金流量表等财务报表，以全面反映酒店的财务状况、经营成果和现金流量情况。在编制报表过程中，会计主管要对各项数据进行认真核对和调整，确保报表数据的准确性和一致性，对财务报表进行深入分析，撰写财务分析报告，为酒店管理层提供有关财务状况和经营业绩的详细信息。

会计主管应负责酒店的财务档案管理，他们要建立健全财务档案管理制度，对会计凭证、账簿、报表等财务资料进行妥善保管和归档，确保财务档案的完整性和安全性，按照规定的时间和要求，对财务档案进行整理和移交，为酒店的审计、税务检查等工作提供便利。在团队管理方面，会计主管要指导和监督会计人员的工作，从而提高团队的整体业务水平。他们要定期组织会计人员进行业务培训和学习交流，及时传达国家最新的财务法规和政策，帮助会计人员更新知识结构，提升专业技能。会计主管还需建立科学合理的绩效考核机制，激励会计人员积极工作，提升工作效率和质量。

（三）成本控制专员

成本控制专员在酒店财务管理中专注于成本管控，是酒店实现利润最大化的重要保障。他们需要对酒店的各项成本进行全面、细致的分析和控制，确保酒店在保证服务质量的前提下，最大限度地降低成本。在成本分析方面，成本控制专员要对酒店的采购成本、人工成本、能源成本、物料消耗等各项成本进行深入剖析。他们要建立成本分析模型，对成本数据进行动态监测和分析，找出成本控制的关键点和潜在问题。通过对成本构成和成本变动趋势的研究，成本控制专员能够为酒店管理层提供有针对性的成本控制建议。

采购成本控制是成本控制专员的重要工作领域，他们需要与采购部门密切合作，参与采购计划的制订和供应商的选择。成本控制专员要对市场价格进行调研和分析，了解原材料和物资的市场行情，为采购部门提供合理的采购价格建议，对采购合同进行审核，确保合同条款符合酒店的利益，防范采购风险。人工成本控制是成本控制专员关注的重点，他们要协助人力资源部门制定合理的薪酬体系和绩效考核制度，确保员工的薪酬与工作绩效挂钩，提高员工的工作积极性和效率，对酒店的员工数量和岗位设置进行优化，避免人员冗余，降低人工成本。

能源成本和物料消耗控制不容忽视，成本控制专员要与工程部门和客房部门等合作，制定能源节约措施和物料消耗标准。他们要定期对酒店的能源消耗和物料使用情况进行检查和评估，及时发现和解决能源浪费和物料滥用的问题。此外，成本控制专员还需建立成本控制考核机制，将成本控制目标分解到各个部门和岗位，对成本控制成效进行定期考核和评价。通过激励和约束机制，促使各部门和员工积极参与成本控制工作，形成全员成本控制的良好氛围。

（四）税务专员

税务专员在酒店财务管理中负责税务筹划和税务申报工作，对酒店的税务合规和税务成本优化起着关键作用。他们需要熟悉国家税收法律法规和政策，确保酒店在税务处理上合法合规，并合理降低税务负担。在税务筹划方面，税务专员要根据酒店的经营特点和业务需求，制定合理的税务筹划方案。他们要深入研究税收优惠政策，充分利用政策红利，为酒店争取最大的税收利益。例如，通过合理安排业务结构、选择合适的纳税方式等手段，降低酒店的应纳税额。

税务申报是税务专员的日常工作，他们要准确计算酒店应缴纳的各项税款，按照规定的时间和要求进行纳税申报。在申报过程中，税务专员要确保申报数据的真实性和准确性，避免因申报错误而导致的税务风险，还应与税务机关保持良好的沟通，及时了解税收政策的变化和税务机关的要求，确保酒店的税务工作符合相关规定。税务风险管理是税务专员的重要职责，他们要对酒店的税务风险进行识别、评估和控制，建立健全税务风险预警机制。税务专员要定期对酒店的税务处理情况进行自查和内部审计，及时发现和纠正潜在的税务问题。在面对税务稽查时，税务专员要积极配合税务机关的工作，提供相关资料和解释说明，维护酒店的合法权益。此外，税务专员还需关注税收法律法规的更新和变化，及时调整酒店的税务筹划方案和税务处理方式，组织酒店员工进行税务知识培训，提高员工的税务意识和合规意识，确保酒店在税务方面的整体运作符合法律法规要求。

（五）审计专员

审计专员在酒店财务管理中负责对酒店的财务收支、经济活动等进行独立、客观的审查和评价，保障酒店财务信息的真实性和可靠性，防范财务风险。在财务收支审计方面，审计专员要对酒店的各项收入和支出进行详细审查，检查收入的真实性和完整性，确保所有收入都已准确记录和入账；对支出的合理性和合规性也应进行审核，防止不合理开支和违规行为的发生。通过财务收支审计，审计专员能够发现酒店财务管理中存在的问题和漏洞，及时提出改进建议，促进酒店财务管理的规范化。

经济活动审计是审计专员的重要工作，他们要对酒店的重大经济决策、投资项目、合同执行等进行审计监督。审计专员要评估经济活动的合理性和效益性，检查决策过程是否符合规定，投资项目是否达到预期目标，合同执行是否存在违约风险等。通过经济活动审计，审计专员能够为酒店管理层提供有关经济活动的独立意见，帮助酒店优化资源配置，提高经济效益。内部审计制度建设是审计专员的重要职责之一，他们要建立健全内部审计制度，明确审计的范围、程序和方法，确保审计工作的规范化和制度化，定期对内部审计制度进行评估和完善，以适应酒店业务发展的需要。

在审计报告撰写方面，审计专员要将审计结果以书面形式准确、清晰地呈现出来。审计报告要包括审计目的、范围、方法、发现的问题及改进建议等内容，为酒店管理层提供决策依据，跟踪审计建议的落实情况，确保审计成果得到有效转化。此外，审计专员还需与酒店其他部门保持密切沟通与协作，向员工宣传审计工作的重要性和意义，提高员工对审计工作的配合度，借鉴其他部门的管理经验和专业知识，不断提升审计工作的质量和水平。

酒店财务管理的各个岗位相互协作、相互制约，共同构成了酒店财务管理的完整体系。每个岗位都有其独特的职责和作用，但又紧密相连，共同为实现酒店的财务目标和经营战略服务。在实际工作中，各岗位人员需不断提升个人专业素养和综合能力，加强沟通与协作，以适应酒店行业不断变化的市场环境和经营需求，为酒店的健康发展提供坚实的财务保障。

思考与练习

1. 简述酒店的核心功能，结合实例说明酒店如何满足客人住宿、餐饮及延伸服务需求。

2. 描述酒店一线部门与二线部门的区别，举例说明一线部门与二线部门的职责差异，重点说明连锁酒店在品牌管理、标准化流程上的优势。

3. 简述酒店财务管理的核心目标，列举酒店财务管理的主要内容。

第二章　酒店会计核算的基础认知

在酒店业蓬勃发展的当下，精准的会计核算对于酒店管理至关重要。酒店作为集住宿、餐饮、娱乐等多功能于一体的服务行业，其经营业务复杂多样，资金流动频繁，这要求酒店会计核算必须具备高度的专业性与准确性，以反映真实的财务状况与经营成果。本章将深入探讨酒店会计核算的基础认知，涵盖其基本特征与具体核算，为后续深入学习酒店财务管理奠定坚实的基础。

第一节　酒店会计核算的基本特征

酒店的经营方式较为特殊，其会计核算与其他行业相比，有很多不同之处。例如，酒店客房通过向顾客出租房间及设施，并伴以劳动性服务而取得收入，没有成本，只有费用；而餐饮以手工操作方式制作菜肴食品，生产过程较短，加工、销售和服务几乎在同一时间段，既有费用，也有成本，但成本的具体内容和核算方法与工业企业不同。酒店会计核算的基本特征主要包括以下几个方面，如图 2–1 所示。

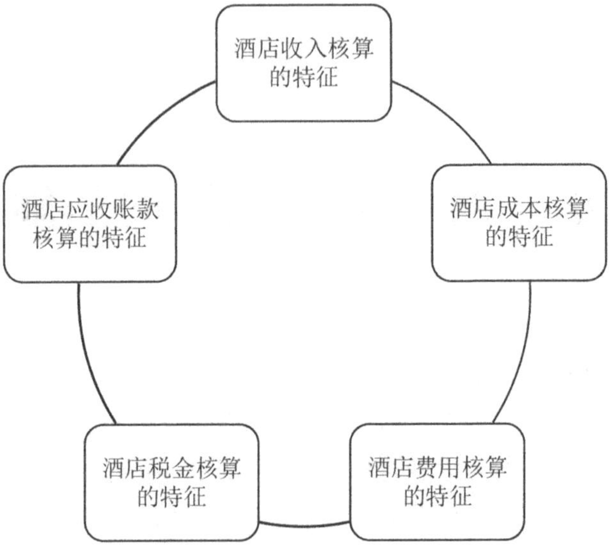

图 2-1　酒店会计核算的基本特征

一、酒店收入核算的特征

在酒店运营管理的复杂体系中，收入核算占据着至关重要的地位，它不仅直接关系到酒店财务状况的准确呈现，更是酒店管理层进行决策、评估经营绩效的重要依据。酒店收入核算具有一系列独特的特点，这些特点源于酒店业务本身的多样性、复杂性以及行业特定的经营模式和财务规则。深入剖析这些特点，有助于读者更全面、深入地理解酒店收入核算的本质与要求。

（一）收入项目复杂

酒店收入项目呈现出高度的复杂性，酒店作为一种综合性服务场所，其提供的服务种类繁多，涵盖住宿、餐饮、娱乐、会议等多个领域，这种多元化的业务结构直接导致了收入项目的多样化。以酒店客房营业日报表为例，其中所反映的收入项目琳琅满目，包括客房租金、加床费、迷你吧消费、电话费、洗衣费等。在将这些收入项目进行入账处理时，准确区分其收入性质成为一项极具挑战性的任务。因为不同的收入项目在会计核算上可能遵循不同的规则和标准，部分收入项目甚至不应直接列为营业收入，而需要进行特殊的账务处理，如冲减相关费用，这就要求财务人员具备扎实的专业知识和丰富的实践经验，能够精准把握每一个收入项目的本质，从而确保账务处理的准确性和合规性。

（二）免费早餐券处理

免费早餐券的账务处理是酒店收入核算中不容忽视的环节，在酒店的实际运营中，客房部门常常会向客人发放免费早餐券，作为一种促销手段或提升客户体验的方式。然而，从财务核算的角度而言，这部分免费早餐所对应的成本不应简单地计入销售成本，而应冲减客房的营业收入，这是因为在会计核算中，收入与成本应保持配比原则，即某一期间的收入应与为取得该收入而发生的费用在同一期间内进行确认和计量。免费早餐券所对应的成本实际上是对客房收入的一种抵减，若不进行冲减处理，将会导致营业收入的虚增，进而影响酒店利润的真实性。因此，财务人员在进行账务处理时，必须严格按照相关规定，将免费早餐券的成本从客房营业收入中扣除，以避免收入和成本的重复计算，从而确保财务数据的准确性和可靠性。

（三）开瓶费处理

开瓶费的处理在酒店收入核算中具有其独特之处，在酒店的餐饮服务中，开瓶费是一种常见的收费项目，通常是在客人自带酒水时收取。然而，从财务核算的角度出发，开瓶费不应被列作收入，而应冲减销售成本，这一处理方式背后蕴含着深刻的财务逻辑。一方面，将开瓶费冲减销售成本有助于挤掉销售成本中的“水分”，使销售成本更加真实地反映酒店餐饮业务的实际成本支出情况；另一方面，从税务筹划的角度而言，这种处理方式也有助于酒店合理避税，降低税务负担。因为将开瓶费作为收入核算会增加应纳税所得额，而将其冲减销售成本则可以在一定程度上减少应纳税所得额，从而达到合理降低税负的目的。因此，酒店财务人员在进行开瓶费的账务处理时，必须明确其核算性质，确保遵循正确的会计规则和税务要求。

（四）空啤酒瓶价款处理

空啤酒瓶价款的处理也是酒店收入核算中的一个细节问题，在酒店的日常运营中，啤酒是常见的消费饮品之一。当酒店将空啤酒瓶退回供应商时，会收回一定的价款，这部分价款在财务核算上应冲减啤酒销售成本，这是因为空啤酒瓶的回收实际上是对啤酒销售成本的一种补偿，将其冲减销售成本能够更准确地反映啤酒销售业务的实际成本和利润情况。如果不对这部分价款进行正确处理，将会导致啤酒销售成本的虚高，进而影响酒店餐饮业务利润的准确性。因此，酒店财务人员需要密切关注空啤酒瓶的回收情况，及时、准确地进行账务处理，确保财务数据的真实性和可靠性。

（五）出租经营场所收入

出租经营场所收入在酒店收入核算中具有特定的分类和处理方式。酒店除了提供住宿、餐饮等核心服务外，有时还会将部分经营场所向外出租，以获取额外的收入，这部分房租收入在会计核算上应列作营业外收入。营业外收入是指与企业生产经营活动没有直接关系的各种收入，出租经营场所收入正符合这一特征。根据相关税收法规，酒店需要对这部分营业外收入交纳相关税费，这就要求酒店在核算出租经营场所收入时，不仅要准确记录收入金额，还要按照规定进行税务申报和缴纳，确保酒店的税务合规性。此外，将出租经营场所收入单独列示为营业外收入，也有助于酒店管理层更清晰地了解酒店各项业务的收入构成和盈利情况，为制定合理的经营策略提供有力的支持。

（六）吧台营业收入

吧台营业收入的核算在酒店收入核算体系中同样占据重要地位，酒店各经营部门通常都设有吧台，为客人提供各类酒水、饮料等商品。吧台营业收入的核算需要按照部门进行详细设项，这是因为不同部门的吧台在商品种类、销售价格、销售量等方面可能存在差异，只有进行部门细分，才能更准确地反映各部门的经营业绩和成本情况。一般在月末，各经营部门的吧台需要根据当月的销售情况，分别结转销售成本。销售成本的结转应遵循权责发生制原则，确保成本与收入的配比。通过准确核算吧台营业收入和结转销售成本，酒店可以更清晰地了解各经营部门吧台业务的盈利状况，及时发现经营过程中存在的问题，并采取相应的措施进行调整和优化，从而提高酒店整体的经营效益。

二、酒店成本核算的特征

在酒店管理的复杂体系中，成本核算作为一项核心工作，直接关系到酒店的盈利能力、成本控制以及市场竞争力。酒店成本核算的独特性主要体现在其成本构成的多样性、核算方法的特殊性以及与业务运营的紧密结合上。

其中，内部控制制度是企业管理制度体系的重要内容，内部控制实施是否有效，财务控制在其中起到了关键作用，尽管内部控制的目标不断多元化，但财务控制在酒店内部控制中的核心地位却始终没有动摇过，内部财务控制是建立和完善酒店企业内部控制体系的基础，酒店内部控制机制的建立又是内部财务控制有效性的必要前提，两者既是基础与前提的关系，也是相辅相成的关系，这是由酒店会计核算的特点所决定的[①]。

（一）饮食制品成本核算

酒店饮食制品的成本核算，相较于其他行业，其成本要素显得更为简洁聚焦。在饮食制品的生产过程中，直接成本主要集中于原材料、辅料及调料的购进价值上，这些要素共同构成了饮食制品的实体基础，是成本核算的核心内容。与工业企业不同，酒店饮食制品在生产过程中，人工成本、制作费用等间接成本通常不计入产品成本，而是作为期间费用进行分摊，这种成本要素的简化，使得酒店饮食制品的成本核算更为直观和易于管理。

在核算方法上，酒店饮食制品普遍采用倒轧法来计算营业成本。倒轧法是通过月末对厨房未用完的原材料、辅料、调料进行实地盘点，然后倒推出当月已消耗的原材料价值，进而计算出当月的营业成本，这种方法虽然看似简单，实则对酒店的管理水平提出了较高要求，它要求酒店必须建立完善的库存管理制度，确保原材料的采购、验收、储存、领用等环节都有完善清晰的记录，以便准确地进行月末盘点和成本计算。

酒店饮食制品的成本计算具有一定的灵活性和适应性，由于酒店饮食制品的种类繁多，每种制品的原材料消耗、制作工艺及销售价格均存在差异，因此，在成本核算过程中，需要根据不同制品的特点进行灵活调整。例如，对于高价值、低销量的特色菜品，可能需要采用更为精细的成本核算方法，以确保成本控制的准确性；而对于大众化、高销量的常规菜品，则可以采用更为简化的成本核算方式，以提高核算效率。

酒店饮食制品的成本核算并非孤立存在，而是与业务运营紧密相连。一方面，成本核算的结果直接影响到酒店的定价策略、成本控制及利润分析；另一方面，业务运营中的采购、库存、销售等环节也直接影响到成本核算的

---

① 尹力民．现代酒店会计核算制度下的内部财务控制探讨［J］．经济研究参考，2012（16）：60.

准确性和及时性。因此，酒店需要建立完善的成本核算体系，确保各环节之间的信息畅通与协同合作，以实现成本的有效控制与业务的持续发展。

（二）吧台成本核算

酒店吧台的成本核算与零售商业具有一定的相似性，吧台作为酒店内为客户提供酒水、香烟、食品等消费品的重要场所，其成本核算方法与零售商业中的商品销售成本核算相似。在采用售价核算时，吧台需要调整进销差价，以确保成本核算的准确性。在吧台的成本核算中，售价核算是一种常用的方法，通过售价核算，酒店可以更加直观地了解吧台的销售收入和成本情况。然而，售价核算也存在一定的局限性，如无法直接反映成本构成和利润空间。因此，在采用售价核算的同时，酒店还需要对进销差价进行调整。通过合理调整进销差价，酒店可以更加准确地核算吧台的成本和利润，为经营决策提供有力的支持。吧台的成本核算需要与库存管理紧密结合，吧台作为销售终端，其库存管理将直接影响到成本控制的成效。酒店需要建立完善的库存管理制度，定期盘点库存商品，确保账实相符，通过优化库存结构、减少库存积压等措施，降低库存成本，提高资金周转率。

吧台成本核算不仅是对财务数据的简单记录和分析，更是与业务运营紧密相连的重要环节。在成本核算过程中，酒店需要充分考虑吧台的业务特点、市场需求以及顾客偏好等因素，确保成本核算的准确性和实用性。例如，通过分析吧台的销售数据，酒店可以了解顾客的消费习惯和偏好，为产品创新和营销策略调整提供依据；通过监控吧台的成本构成，酒店可以及时发现成本控制中的问题并采取相应措施加以改进。在吧台成本核算中，成本控制与风险管理是密不可分的两个方面。通过精细化的成本核算，酒店可以准确掌握吧台的成本构成和利润空间，为成本控制提供有力的支持。酒店还需要关注吧台运营中的潜在风险，如库存积压、销售波动等，并采取相应的风险管理措施。例如，通过建立库存预警机制、优化销售策略等方式，以降低运营风险，确保吧台的稳健运营。

随着酒店业务的不断发展和市场环境的变化，吧台成本核算也需要持续优化。酒店应定期对成本核算方法进行评估和调整，确保其适应新的业务需求和市场趋势。例如，随着智能化管理系统的引入，酒店可以更加精准地监控吧台的销售数据和成本构成，为成本核算提供更可靠的数据支持。

三、酒店费用核算的特征

（一）工资费用

工资费用作为酒店费用核算的重要组成部分，其核算方式具有明确的部门指向性。在酒店中，不同部门承担着不同的职能，工资费用的核算也相应地体现了这种职能差异。营业部门的工资直接列入销售费用，这是因为营业部门是酒店与客户直接接触的窗口，其员工的工作绩效直接关系到酒店的销售业绩和客户满意度。营业部门的员工通过提供优质的服务，吸引客户入住酒店、消费餐饮等，从而为酒店带来收入。将营业部门的工资列入销售费用，能够直观地反映出销售成本与销售收入之间的关系，便于酒店管理层评估销售活动的效益。而行政后勤部门的工资则应列入管理费用，行政后勤部门主要负责酒店的日常行政管理、后勤保障等工作，虽然不直接参与销售活动，但也为酒店的正常运营提供了必要的支持。将行政后勤部门的工资列入管理费用，有助于酒店对管理成本进行核算和控制，确保酒店管理活动的高效运行。

（二）电费、燃料费分配

电费、燃料费的分配在酒店费用核算中是需要谨慎处理的问题，例如，酒店可能没有为各个部门安装独立的计量仪表，这就给电费的准确分配带来了一定的困难。为了解决这一问题，通常采用按经营场地面积分配的方法。经营场地面积是衡量各部门对电力、燃料等能源消耗的一个相对客观的指标。一般而言，经营场地面积较大的部门，其对能源的需求也相对较高。例如，酒店的餐饮部门通常需要较大的厨房空间，由于厨房设备运行需要消耗大量的电力和燃料，因此按照经营场地面积分配电费、燃料费能够在一定程度上合理地反映各部门的能源消耗情况。当然，这种分配方法并非绝对精确，但在缺乏精确计量手段的情况下，是一种较为可行的解决方案。

（三）固定资产折旧费

固定资产折旧费的核算体现了酒店对资产使用效益的关注，固定资产是酒店运营的重要物质基础，包括房屋建筑物、设备设施等。在核算固定资产折旧费时，需要按照各部门实际占用量进行分配，这是因为不同部门对固定资产的使用程度和频率存在差异，实际占用量能够较为准确地反映各部门对固定资产的消耗情况。例如，客房部门的床、衣柜等家具设备，其折旧费应计入客房部门的费用；而酒店的大堂、会议室等公共区域的固定资产折旧费，则按照各部门对这些区域的使用情况进行分配。然而，在实际操作中，有时难以准确分清各部门对固定资产的实际占用量，此时则应将固定资产折旧费列入管理费用，这种处理方式虽然可能存在一定的偏差，但能够保证费用核算的及时性和完整性。

（四）装修费用

装修费用在酒店费用核算中具有特殊性，酒店的装修不仅关系到酒店的外观形象，更直接影响到客户的入住体验。因装修费用通常数额较大，其核算方式也较为灵活。一种常见的处理方式是分月预提，即将装修费用按照一定的期限平均分摊到每个月的费用中，这种方式能够使酒店每个月的费用支出相对平稳，避免因一次性计入大额装修费用而导致某个月份的费用过高，影响酒店的财务指标。另一种方式是列入“长期待摊费用”分期摊销，这种方式更符合装修费用长期使用的特点，且能够更准确地反映装修费用在酒店运营过程中的实际消耗情况。

（五）布草与小餐具费用

布草与小餐具等费用的核算，需要根据实际情况进行细致处理，这些费用通常按照实际支出或领用部门分别列入相关费用。例如，客房部门的布草费用直接计入客房部门的费用；餐饮部门的小餐具费用则计入餐饮部门的费用。当这些费用涉及大额购进时，需要进行分期摊销，这是因为大额购进的物品并非一次性消耗完毕，而是在一定时期内逐步使用。通过分期摊销，能够更合理地反映这些物品在使用过程中的成本消耗，避免因一次性计入费用而导致成本虚高或低估。

（六）财务费用

财务费用在酒店费用核算中与其他行业具有一定的共性，财务费用主要包括利息支出、利息收入、汇兑损益等。对于有贷款利息支出的酒店，利息支出计入财务费用；而对于无贷款利息支出的企业，存款利息收入则在“财务费用”账户贷方反映，这种核算方式能够清晰地反映酒店资金运作的成本和收益情况，有助于酒店管理层合理安排资金，优化资金结构。

四、酒店税金核算的特征

在酒店行业的财务管理体系中，税金核算占据着举足轻重的地位，它不仅关乎酒店的经济效益，还与酒店的合规运营紧密相连。酒店税金核算具有一系列独特的特点，这些特点是由酒店业务的多样性、经营模式的特殊性以及税收政策的复杂性共同决定的。

（一）税种和税率

酒店作为综合性服务行业，其主营业务广泛且多样，涵盖了客房服务、餐饮服务、商品销售等多个领域，这种多元化的业务结构直接导致了酒店所需缴纳税种和税率的复杂性。从税种角度而言，酒店涉及的税种繁多。其中，营业税是酒店主营业务中较为常见的税种之一。对于客房服务和餐饮服务而言，这两项业务通常需要按照营业税的相关规定进行纳税。客房服务作为酒店的核心业务之一，其收入来源稳定且占比较大，因此营业税的缴纳对于酒店财务状况有着重要影响。酒店餐厅为顾客提供各类餐食，在满足顾客需求的同时，也需要承担相应的纳税义务。

除了营业税，增值税也是酒店经营中不可忽视的税种。在酒店的商场业务板块，通常按照小规模纳税人增值税征收率进行纳税。小规模纳税人的认定标准和征收率与一般纳税人有所不同，这要求酒店在财务管理中准确区分不同的业务板块，并按照相应的税收政策进行核算和申报，这种多元化的税种设置，使得酒店在税金核算过程中需要投入更多的精力和资源，以确保各项税款的准确计算和及时缴纳。从税率方面分析，不同税种对应的税率也存在差异。营业税的税率根据不同的服务项目和地区政策可能有所不同，而增值税小规模纳税人的征收率则相对固定，但也会随着税收政策的调整而发生变化，这种税率的不确定性进一步增加了酒店税金核算的难度。酒店财务人员需要密切关注税收政策的变化，及时调整核算方法和纳税策略，以避免因税率适用错误而导致的税务风险。

（二）房租收入税金

对于酒店而言，房租收入是其重要的收入来源之一。然而，与主营业务收入不同，房租收入在税金核算方面具有其特殊性。除了需要缴纳营业税外，酒店还需承担房产税的缴纳义务。营业税作为房租收入的主要税种之一，其计算依据是房租收入的金额。酒店需要按照规定的税率对房租收入进行核算，并按时申报缴纳，这一过程需要酒店建立完善的房租收入台账，准确记录每笔房租收入的金额、时间等信息，以确保营业税计算的准确性。

房产税是针对酒店所拥有的房产或租赁的用于经营的房产而征收的一种税种，房产税的计税依据和税率根据房产的性质、用途以及所在地区的政策而有所不同。酒店需要对其所涉及的房产进行详细梳理，明确每处房产的计税依据，并按照规定的税率计算应缴纳的房产税。房产税的缴纳不仅增加了酒店的税负成本，也对酒店的财务管理提出了更高的要求。酒店需要在保证正常经营的前提下，合理安排资金，确保房产税的及时足额缴纳，避免因拖欠房产税而产生的滞纳金和罚款等额外成本。

房租收入税金的复合性要求酒店在税金核算过程中，要综合考虑营业税和房产税两个方面的因素。酒店财务人员需要具备扎实的税收知识和丰富的核算经验，能够准确区分不同税种的核算范围和计算方法，确保房租收入税金的准确核算和合规缴纳。

（三）装修工程税金

酒店的装修工程是提升酒店形象、提高服务质量的重要手段。然而，在装修工程过程中，税金核算问题也较为复杂，且具有明显的动态性特点。在装修工程未取得发票的情况下，酒店需要补缴营业税和所得税，这是因为装修工程支出作为酒店的一项成本费用，在未取得合法发票时，无法在税前进行扣除。为了确保国家税收的及时足额入库，税务机关通常会要求酒店按照相关规定补缴相应的税款，这对于酒店而言，意味着在装修工程款项支付后，还需要额外承担一笔税款支出，从而增加了酒店的资金压力。

当酒店取得装修工程发票时，情况则有所不同。取得发票后，酒店可以将装修工程支出作为成本费用在税前进行扣除，从而抵扣应缴税款，这一政策旨在鼓励企业取得合法发票，规范财务管理。然而，在实际操作中，酒店可能会面临发票取得不及时、发票内容不符合要求等问题，这些问题都会影响到税款的抵扣和核算。酒店需要加强与装修施工单位的沟通协调，确保发票的及时取得和合规性，以便准确地核算装修工程税金，降低税务风险。

装修工程税金的动态性要求酒店在装修工程的全过程中，都要高度重视税金核算问题。从装修工程的预算编制、合同签订到款项支付、发票取得等各个环节，都需要酒店财务人员密切关注，确保各项操作符合税收政策的要求。酒店还需要建立健全的装修工程税金核算制度，加强对装修工程支出的管理和监督，提高税金核算的准确性和及时性。

（四）所得税

所得税是酒店税金核算中的重要组成部分，其征收方式存在明显的差异性。目前，酒店的所得税征收方式主要分为查账征收和核定征收两种。对于实行查账征收的酒店而言，其所得税的缴纳遵循分月预交、年终多退少补的原则。在分月预交过程中，酒店需要根据当期的经营情况和财务数据，按照规定的税率计算应预交的所得税额，并及时向税务机关申报缴纳。年终时，酒店需要对全年的所得税进行汇算清缴，并根据全年的实际利润情况，对已预交的所得税进行调整，多退少补，这种征收方式要求酒店具备完善的财务管理制度和准确的会计核算体系，能够真实、准确地反映酒店的经营成果和财务状况。酒店财务人员需要熟练掌握所得税的计算方法和申报流程，确保所得税的准确核算和合规缴纳。

按核定税额逐月缴纳所得税的酒店，其所得税的征收方式则相对简单。税务机关会根据酒店的行业特点、经营规模、地理位置等因素，核定酒店每个月应缴纳的所得税额。酒店只需按照核定的税额逐月进行缴纳即可，无须进行复杂的利润核算和调整。然而，这种征收方式也存在一定的局限性，它可能无法准确反映酒店的实际经营状况和盈利水平，对于经营状况较好的酒店而言，可能会导致税负相对较重；而对于经营状况不佳的酒店而言，则可能无法充分享受税收优惠政策。

所得税征收方式的差异性要求酒店在税务管理中，要根据自身的实际情况选择合适的征收方式，并严格按照规定进行核算和缴纳。酒店需要不断优化财务管理，提高经营效益，以降低所得税税负，实现酒店的可持续发展。

五、酒店应收账款核算的特征

在酒店财务管理领域，应收账款核算占据着至关重要的地位，其具备一系列独特的特点，这些特点不仅影响酒店财务信息的准确性与完整性，还对酒店的经营决策、资金流转以及风险管控等方面产生深远的影响。以下将深入剖析酒店应收账款核算所呈现出的显著特点。

（一）应收账款账户用途

酒店应收账款账户具有特定的用途，它主要被用于核算挂账经济业务。

在酒店的经营活动中，存在着多种形式的交易，其中部分交易并非即时完成现金收付，而是形成挂账情况。例如，当宾客因某些原因无法在消费当时立即结清费用，或者与酒店存在长期合作关系的企业、团体等采用赊账方式进行消费时，这些业务所产生的款项就会通过应收账款账户进行核算。然而，应收账款账户并不反映酒店已实现的全部销售收入。酒店的销售收入来源广泛，除了挂账业务，还包括即时现金结算、信用卡结算等多种方式。应收账款账户仅仅聚焦于挂账这一特定类型的经济业务，它记录的是酒店未来有权收取但尚未实际收到的款项，这就要求酒店财务人员在核算过程中，要清晰区分不同结算方式下的收入，准确把握应收账款账户的核算范围，避免将其他非挂账业务的收入错误地纳入其中，从而确保财务数据的真实性与可靠性，这也意味着酒店在分析销售收入时，不能仅仅依赖应收账款账户的数据，而需要综合考虑各种结算方式下的收入情况，以全面、准确地评估酒店的经营业绩。

（二）应收应付制核算

酒店采用应收应付制进行核算，在这种核算制度下，宾客入住时的收入均通过“应收账款”账户进行核算。为了更加细致、准确地反映挂账业务的具体情况，酒店会在“应收账款”账户下设置“应收户”和“预收户”两个二级账户。

“应收户”主要用于核算酒店应向宾客收取的款项，当宾客发生消费行为，但尚未支付相应费用时，酒店会将这部分款项计入“应收户”。例如，宾客在酒店住宿、用餐、使用其他服务设施等产生的费用，在未结清之前，都作为应收账款在“应收户”中进行登记，这一账户的设置有助于酒店清晰地掌握尚未收回的款项金额、涉及的具体宾客以及款项形成的时间等信息，为后续的收款工作提供有力的支持。

“预收户”则用于核算酒店预先收取的宾客款项，在某些情况下，宾客可能会提前支付一部分或全部费用，如提前预订酒店并支付定金，或者选择预付一定金额作为消费保证金等。酒店收到这些预付款项时，会将其计入“预收户”。预收户的存在反映了酒店资金的一种暂时性流入，但同时意味着酒店需要承担在未来为宾客提供相应服务或退还多余款项的义务。通过“预收户”的核算，酒店可以及时了解预收款项的规模、来源以及使用情况，合理安排资金，确保资金的安全与合理运用。

基于应收应付制下“应收账款”账户及其二级账户的设置，使得酒店能够更加科学、规范地处理挂账业务，它不仅有助于酒店准确记录每一笔与宾客之间的债权债务关系，还为财务分析、预算编制以及资金管理等工作提供了详细、准确的数据基础。通过对“应收户”和“预收户”的动态管理，酒店可以更好地掌握资金的流入与流出情况，进一步优化资金配置，提高资金使用效率。

第二节　酒店会计的具体核算

酒店的资金运作方式主要表现在以下几个方面：取得或者筹集资金，在生产过程中运营资金，通过产品（商品）销售收回资金，计算经营成果，使部分资金退出企业、部分资金重新进入企业，酒店会计就是对酒店资金运动的过程进行会计核算和会计监督[①]。

一、酒店会计核算的会计科目

酒店会计核算的会计科目主要包括以下几个方面，如表 2-1 所示。

表 2-1　酒店会计核算的会计科目

会计科目分类	会计科目名称
资产类	库存现金：核算酒店的库存现金，包括日常经营中收到的现金款项，如客人支付的现金房费、餐饮消费现金等 银行存款：记录酒店在银行开设的各种存款账户的款项，如基本存款账户、一般存款账户等，用于核算酒店与银行之间的资金往来，包括客户转账支付的款项、酒店支付供应商款项等 其他货币资金：核算酒店除库存现金、银行存款以外的其他各种货币资金，如外埠存款、银行汇票存款、银行本票存款、信用卡存款、信用证保证金存款等 交易性金融资产：若酒店有短期投资行为，如购买股票、债券等以赚取差价，可通过该科目核算

① 周龙腾．酒店会计全流程演练 [M]．北京：中国宇航出版社，2012：7.

续表

会计科目分类	会计科目名称
资产类	应收账款：核算酒店因销售商品、提供劳务等经营活动，应向购货单位或接受劳务单位收取的款项，如客人挂账消费的房费、餐饮费等 预付账款：酒店按照购货合同规定预付给供应单位的款项，如预付食材供应商的货款、预付水电费等 应收利息：核算酒店交易性金融资产、持有至到期投资、可供出售金融资产等应收取的利息 应收股利：核算酒店应收取的现金股利和应收取其他单位分配的利润 其他应收款：核算酒店除应收票据、应收账款、预付账款等以外的其他各种应收及暂付款项，如员工借支差旅费、应收的赔款、罚款等 坏账准备：对应收账款、其他应收款等可能发生的坏账损失计提的准备金 在途物资：核算酒店已付款或已开出、承兑商业汇票，但尚未到达或尚未验收入库的在途材料、商品等物资的采购成本 原材料：核算酒店库存的各种材料，包括食品原料（如蔬菜、肉类、海鲜等）、酒水饮料、清洁用品、办公用品等的实际成本 库存商品：核算酒店已完成全部生产过程并已验收入库、合乎标准规格和技术条件，可以按照合同规定的条件送交订货单位，或可以作为商品对外销售的产品，以及外购或委托加工完成验收入库用于销售的各种商品的实际成本，如客房的备品（毛巾、洗漱用品等）、酒店自制的礼品等 周转材料：核算酒店能够多次使用，逐渐转移其价值但仍保持原有形态不确认为固定资产的材料，如包装物、低值易耗品（餐具、桌椅等） 长期股权投资：核算酒店持有的采用成本法和权益法核算的长期股权投资，如对其他酒店或相关企业的投资 固定资产：核算酒店持有的固定资产原价，包括房屋及建筑物（酒店大楼、客房等）、机器设备（电梯、空调等）、运输工具（酒店班车等）、家具用具（床、沙发等）、电器及影视设备（电视、音响等）等 累计折旧：核算酒店固定资产的累计折旧，反映固定资产在使用过程中因磨损而减少的价值 固定资产清理：核算酒店因出售、报废、毁损、对外投资、非货币性资产交换、债务重组等原因转出的固定资产价值，以及在清理过程中发生的费用等 在建工程：核算酒店基建、更新改造等在建工程发生的支出，如酒店装修工程、新建楼层工程等 工程物资：核算酒店为在建工程准备的各种物资的成本，包括工程用材料、尚未安装的设备以及为生产准备的工器具等 无形资产：核算酒店持有的无形资产成本，包括专利权、非专利技术、商标权、著作权、土地使用权等 累计摊销：对使用寿命有限的无形资产计提的累计摊销 长期待摊费用：核算酒店已经发生但应由本期和以后各期负担的分摊期限在 1 年以上的各项费用，如以经营租赁方式租入的固定资产发生的改良支出等 待处理财产损益：核算酒店在清查财产过程中查明的各种财产盘盈、盘亏和毁损的价值

续表

会计科目分类	会计科目名称
负债类	短期借款：核算酒店向银行或其他金融机构等借入的期限在 1 年以下（含 1 年）的各种借款 应付票据：核算酒店购买材料、商品和接受劳务供应等而开出、承兑的商业汇票，包括银行承兑汇票和商业承兑汇票 应付账款：核算酒店因购买材料、商品和接受劳务供应等经营活动应支付的款项，如应付供应商的货款、应付工程款等 预收账款：核算酒店按照合同规定向购货单位预收的款项，如客人预订房间支付的定金、预收的会议费等 应付职工薪酬：核算酒店根据有关规定应付给职工的各种薪酬，包括工资、奖金、津贴和补贴、职工福利费、社会保险费、住房公积金、工会经费和职工教育经费等 应缴税费：核算酒店按照税法等规定计算应缴纳的各种税费，包括增值税、消费税、城市维护建设税、教育费附加、地方教育附加、房产税、土地使用税、车船使用税、企业所得税、个人所得税等 应付利息：核算酒店按照合同约定应支付的利息，如短期借款利息、长期借款利息等 应付股利：核算酒店分配的现金股利或利润 其他应付款：核算酒店除应付票据、应付账款、预收账款、应付职工薪酬、应付利息、应付股利、应缴税费、长期应付款等以外的其他各项应付、暂收的款项，如应付租入包装物租金、存入保证金等 长期借款：核算酒店向银行或其他金融机构借入的期限在 1 年以上（不含 1 年）的各项借款 长期应付款：核算酒店除长期借款和应付债券以外的其他各种长期应付款项，如应付融资租入固定资产的租赁费等
所有者权益类	实收资本（或股本）：核算酒店接受投资者投入的实收资本，股份有限公司应将本科目改为“股本”科目 资本公积：核算酒店收到投资者出资额超出其在注册资本，或股本中所占份额的部分，以及其他资本公积 盈余公积：核算酒店从净利润中提取的盈余公积，包括法定盈余公积和任意盈余公积 本年利润：核算酒店当期实现的净利润（或发生的净亏损） 利润分配：核算酒店利润的分配（或亏损的弥补）和历年分配（或弥补）后的余额
成本类	生产成本：酒店一般较少使用该科目，若酒店有自制食品、饮品等生产业务，可通过该科目核算生产过程中的各项成本，如原材料成本、人工成本等 劳务成本：核算酒店对外提供劳务发生的成本，如酒店为客人提供特殊定制服务（如婚礼策划、商务会议组织等）所发生的人工、材料等成本 制造费用：酒店若有生产业务，可核算为生产产品和提供劳务而发生的各项间接费用，如生产车间的水电费、设备折旧费等，但多数酒店生产业务较少，该科目使用频率不高

续表

会计科目分类	会计科目名称
损益类	主营业务收入：核算酒店确认的销售商品、提供劳务等主营业务的收入，如客房收入、餐饮收入、会议收入等 其他业务收入：核算酒店确认的除主营业务活动以外的其他日常经营活动实现的收入，如出租闲置场地收入、销售废品收入等 投资收益：核算酒店确认的投资收益或投资损失，如持有交易性金融资产期间取得的投资收益、处置长期股权投资产生的收益等 营业外收入：核算酒店发生的与其日常活动无直接关系的各项利得，如非流动资产处置利得、盘盈利得、捐赠利得等 主营业务成本：核算酒店确认销售商品、提供劳务等主营业务收入时应结转的成本，如客房的客房用品成本、餐饮的食材成本等 其他业务成本：核算酒店确认的除主营业务活动以外的其他日常经营活动所发生的支出，如出租闲置场地的折旧费用等 税金及附加：核算酒店经营活动发生的消费税、城市维护建设税、资源税、房产税、土地使用税、车船使用税、印花税等相关税费 销售费用：核算酒店销售商品和材料、提供劳务的过程中发生的各种费用，包括保险费、包装费、展览费和广告费、商品维修费、预计产品质量保证损失、运输费、装卸费等以及为销售本企业商品而专设的销售机构（含销售网点、售后服务网点等）的职工薪酬、业务费、折旧费等经营费用 管理费用：核算酒店为组织和管理企业生产经营所发生的管理费用，包括酒店在筹建期间内发生的开办费、董事会和行政管理部门在企业的经营管理中发生的或者应由企业统一负担的公司经费（包括行政管理部门职工工资及福利费、物料消耗、低值易耗品摊销、办公费和差旅费等）、工会经费、董事会费（包括董事会成员津贴、会议费和差旅费等）、聘请中介机构费、咨询费（含顾问费）、诉讼费、业务招待费、房产税、车船使用税、土地使用税、印花税、技术转让费、矿产资源补偿费、研究费用、排污费等 财务费用：核算酒店为筹集生产经营所需资金等而发生的筹资费用，包括利息支出（减利息收入）、汇兑损益以及相关的手续费、企业发生的现金折扣或收到的现金折扣等 营业外支出：核算酒店发生的与其日常活动无直接关系的各项损失，如非流动资产处置损失、盘亏损失、公益性捐赠支出、非常损失等 所得税费用：核算酒店确认的应从当期利润总额中扣除的所得税费用

二、酒店会计核算的主要内容

酒店的资金运作方式主要表现在以下几个方面：取得或者筹集资金，在生产过程中运营资金，通过产品（商品）销售收回资金，计算经营成果，使部分资金退出企业、部分资金重新进入企业。酒店会计就是对酒店资金运动的过程进行会计核算和会计监督，具体内容如表 2–2 所示。

表 2-2 酒店资金运作过程及会计核算

资金运作表现	运作的具体内容及方式	会计核算内容
资金筹集	通过投资者的投资取得注册资本金，以保证企业生产经营活动所需的基本运营资金，购建必要的固定资产；通过债权人取得生产经营过程中所必需的补充运营资金，以保证企业正常经营活动的顺利进行	核算投资者投入的货币资金、实物资产（如存货、固定资产、无形资产等）、从债权人借入的资金以及生产经营中临时占用尚未结算的资金等内容
购进原材料或低值易耗品	服务类企业尽管以提供无形的服务为主，但也需要购入一些原材料，或者作为辅助材料的低值易耗品，如餐饮部门，需要购入各类生鲜食品作为做菜的原材料；美容美发部门需要购入洗发产品作为低值易耗品	服务类企业的生产周期很短，不需要像工业企业那样按照品种、按照生产的工序进行很详细的核算，而是按照汇总办法，进行整体的成本收入核算即可。对于提供服务过程消耗的辅助材料，一般占服务收入的比例很低，依据重要性原则，不需要计入成本，按照低值易耗品计入期间费用
产品生产加工	将自己储备的原材料投入到生产过程中，将储备资金转化为生产资金，同时发生劳动资料磨损价值的转移，以及用货币资金支付劳动者的劳动报酬及其他费用，构成产品的全部生产成本；通过劳动者的加工制造，生产出合格的产成品（商品），从而将生产资金转化为成品资金	针对不同产品生产的特点，采用不同的成本计算方法，正确核算生产成本
产品的提供	将制作的产品（商品），卖给商品流通企业或者社会各方面的消费者（单位或个人），收回货币资金，实现产品（商品）所有权由生产者向消费者的转移	核算以不同方式销售产品（商品）取得的销售收入，以及税金、折扣、折让、销售产品成本、销售退回等内容
服务的提供	企业依托各种设施、工具向消费者提供了服务，并取得相应的业务收入	核算提供服务所获得的收入，至于未提供服务所耗费的劳动、低值易耗品、其他配套设施的折旧等，一般在一个会计期间计算一次，作为期间费用集中核算

续表

资金运作表现	运作的具体内容及方式	会计核算内容
财务成果计算与分配	通过缴纳国家税金、向投资者分配利润等方式使部分资金退出企业，通过提取盈余公积等方式使部分资金投入扩大再生产过程中，形成新的运营资金	核算应交税费、营业利润、期间费用、投资收益、营业外收支、应付利润、留存收益等内容

三、酒店不同部门的会计核算

（一）酒店客房部的会计核算内容

1. 客房收入核算

（1）房费收入确认

房费收入作为客房部的主要收入来源，其确认时点与金额计算方法因不同的计费方式而存在差异。在按天计费模式下，收入的确认通常以客人实际入住的完整自然日为依据。当客人办理入住手续后，即视为该日房费收入的实现起点；而当客人退房时，若退房时间未超出当日的结算时点，则按照完整一日收取房费。若客人提前退房，需根据酒店既定的政策，判断是否退还部分房费，这涉及对未入住时段的费用核算与调整。对于按时计费方式，收入确认则紧密围绕客人实际入住的时长展开。从客人进入客房开始计时，至退房时结束计时，按照预先设定的每小时费率来精确计算房费金额，这种计费方式要求酒店具备精确的计时系统，以确保收入核算的准确性。包价计费模式则更为综合，它将客房住宿与其他相关服务（如早餐、景点门票等）进行打包，以一个固定的价格出售给客人。在这种情况下，收入的确认需要综合考虑各项服务的提供情况，在客人入住期间，应按照合同的约定，将整体收入逐步确认为客房收入。

在处理特殊情况时，对收入的影响不容忽视。提前退房时，酒店需依据自身政策，可能按一定比例退还房费，此时需对已确认的收入进行冲减，并调整相关财务记录。延迟退房时，若超过酒店规定的免费延迟时段，则需按照相应的计费标准收取额外费用，这部分费用应及时确认为收入。免费升级客房时，虽然未直接增加房费收入，但可能通过提升客人满意度间接促进其他消费，在会计核算中，需对升级所涉及的客房成本与潜在收益进行综合考量，以准确反映经营状况。

（2）附加服务收入核算

客房部提供的附加服务，如洗衣服务、叫醒服务、行李寄存服务等，构成了客房收入的重要组成部分，这些附加服务的收入核算方法需根据服务的特点和提供方式来确定。对于洗衣服务，通常按照实际清洗的衣物数量、类型以及酒店制定的收费标准来计算收入，并在服务完成后及时确认。叫醒服务虽然本身不直接产生高额收入，但可能作为酒店整体服务的一部分，其收入核算可能体现在客房套餐价格中，或单独按照服务次数进行统计。行李寄存服务则根据寄存时间、行李数量等因素来计算费用。

附加服务收入与客房主收入之间存在着紧密的联系，附加服务的提供能够提升客人的住宿体验，增强客人对酒店的认可，从而可能促使客人延长入住时间或增加其他消费，进而带动客房主收入的增长。在核算附加服务成本时，需要合理分摊相关费用，以准确反映附加服务的盈利状况。例如，洗衣服务所涉及的水电费、洗涤剂费用等，可根据洗衣服务的业务量占客房部总业务量的比例进行分摊；叫醒服务和行李寄存服务所产生的人力成本，可按照服务提供人员的工作时间或服务次数进行分摊。通过合理的成本分摊，能够清晰地展示附加服务的利润空间，为酒店管理层制定服务策略和定价策略提供有力的依据。

2. 客房成本核算

（1）直接成本核算

客房部的直接成本涵盖了客房用品消耗、布草洗涤费用、客房清洁用品费用等多个方面，这些成本的归集与分配方法直接影响到客房成本核算的准确性。对于客房用品消耗，如洗漱用品、一次性拖鞋等，酒店需建立完善的库存管理系统，详细记录每次采购的数量、价格以及消耗情况。通过定期盘点，统计各类用品的实际消耗数量，并按照采购单价计算消耗金额。在分配这些成本时，可将客房出租率作为分配标准，并将总消耗金额分摊到各个已出租的客房上，以反映每间客房的实际成本。

布草洗涤费用是客房部直接成本的重要组成部分，酒店需与专业的洗涤公司签订合同，明确洗涤费用计算方式（如按件数、按重量等）。在会计核算中，根据洗涤公司提供的洗涤清单，统计各类布草的洗涤数量和费用金额。应按照客房面积或客房类型等标准，将洗涤费用合理分摊到各个客房。客房清洁用品费用包括清洁剂、消毒剂等，其核算方法与客房用品消耗类似，通过统计消耗数量和金额，并按照一定的分配标准分摊到各个客房。通过精准的直接成本核算，酒店能够清晰地了解每间客房的成本构成，为成本控制和定价策略提供数据支持。

（2）间接成本核算

客房部的间接成本包括客房管理人员工资、水电费、设备折旧费等，这些成本具有难以直接归属到具体客房的特点，其核算存在一定难度。客房管理人员工资通常按照一定的分配基础进行分摊，如按客房数量分配，假设酒店有多个楼层的客房，可根据各楼层客房数量的比例，将管理人员工资分摊到各个楼层，再进一步分摊到每间客房。水电费的核算需考虑不同客房的使用情况差异，可按照客房的营业收入比例进行分配，因为营业收入在一定程度上反映了客房的使用频率和资源消耗程度。设备折旧费的分配可根据设备的使用部门和使用时间来确定，若某设备专门用于客房服务，则按照设备的使用年限和预计残值，计算每年的折旧额，并根据客房的实际使用情况分摊到各个客房。

3. 客房部库存管理核算

（1）库存物品采购核算

客房部库存物品的采购流程与会计核算方法紧密相连。采购流程通常从采购订单的编制开始，采购部门应根据客房部的实际需求和库存情况，制定详细的采购订单，明确采购物品的名称、规格、数量、价格等信息。在收到供应商提供的发票后，财务部门应对发票进行严格审核，确保发票的真实性、合法性和准确性。审核无误后，将发票金额入账，并处理应付账款。在采购成本控制方面，酒店可通过与供应商建立长期合作关系、批量采购等方式争取更优惠的采购价格。在会计核算中，需准确记录采购成本，包括物品的购买价格、运输费用、装卸费用等，以确保成本核算的完整性。

（2）库存物品领用与盘点核算

库存物品的领用流程需严格规范，客房部员工在领用物品时，应填写领用单据，注明领用物品的名称、数量、用途等信息。财务部门根据领用单据及时冲减库存数量和金额，并将领用成本计入相应的成本对象，如客房清洁用品领用后，计入客房清洁成本。库存物品盘点是确保库存物资账实相符的重要环节。盘点的目的在于发现库存物品的数量差异和质量问题，从而及时调整账务记录。盘点方法可采用定期全面盘点和不定期抽查相结合的方式。

在盘点过程中，若发现盘点差异，需分析原因，如可能是记录错误、损耗、盗窃等。针对不同原因，要采取相应的调整方法，确保库存核算的准确性和可靠性。

（二）酒店餐饮部的会计核算内容

1. 餐饮收入核算

餐饮收入核算作为餐饮部会计核算的基础环节，对于准确衡量餐饮业务的经营成果至关重要。具体而言，餐饮收入核算涵盖菜品销售收入核算、酒水销售收入核算以及其他餐饮服务收入核算等多个维度。

在菜品销售收入核算方面，首要任务是明确收入的确认原则与方法。由于餐饮销售形式多样，包括堂食、外卖以及宴会等，不同形式下收入核算要点存在显著差异。对于堂食业务，需依据点菜单所记录的菜品信息，结合收银系统的交易数据，精确统计菜品销售数量与金额。在此过程中，需充分考虑退菜、打折等特殊情况对收入的影响，制定合理的核算规则，确保收入数据的真实性与准确性。外卖业务则需关注订单接收、配送以及收款等环节的信息衔接，准确核算外卖菜品销售收入。宴会业务因其规模较大、涉及菜品与服务项目较多，收入核算更为复杂，需综合考虑宴会合同条款、实际服务提供情况等因素，合理确认收入。

酒水销售因具有其独特的业务特点，在核算过程中，需重点关注酒水的进价与售价核算以及库存管理。酒水进价核算需准确记录采购成本，包括采购价格、运输费用等相关支出；售价核算则需结合市场行情、酒店定价策略等因素确定。为确保酒水销售成本与收入的合理匹配，需建立科学的库存管理制度，实时监控酒水库存数量与价值变动。通过合理计算酒水销售的毛利率，能够直观反映餐饮部的酒水经营效益，从而为管理层制定酒水销售策略提供有力的依据。

除菜品与酒水销售收入外，餐饮部还提供其他多种服务，如外卖配送服务、包场服务、宴会策划服务等，这些服务的收入核算同样关键。由于不同服务具有各自的特点与收入确认时点，在核算过程中需严格区分各类业务收入，以确保核算的准确性。例如，外卖配送服务收入通常在配送完成且客户确认收货后确认；包场服务收入则需根据包场合同约定的服务期限与金额进行核算；宴会策划服务收入则需综合考虑策划方案实施进度、客户满意度等因素合理确认。

2. 餐饮成本核算

餐饮成本核算旨在全面、准确地反映餐饮业务经营过程中的各项成本支出，为成本控制与经营决策提供数据支持，其核算内容主要包括原材料成本核算、人工成本核算以及其他餐饮成本核算。

原材料成本核算贯穿于餐饮原材料的采购、验收、储存、领用等各个环节。在采购环节，需准确记录原材料的采购数量、价格、供应商信息等，这将为后续成本核算提供基础数据。验收环节则需对原材料的质量、数量进行严格检查，以确保采购的原材料符合酒店要求。储存环节需建立科学的库存管理制度，合理控制库存水平，降低库存成本与损耗风险。领用环节则需准确记录原材料的领用数量与用途，以便准确核算各菜品或服务项目的原材料成本。在核算方法上，实际成本法与计划成本法是常用的两种方法。实际成本法能够真实反映原材料的实际采购成本，但核算工作量较大；计划成本法则通过预先制订计划成本，简化核算流程，但需定期对成本差异进行调整。酒店可根据自身实际情况与管理需求，选择合适的核算方法。

人工成本是餐饮部成本的重要组成部分，其核算内容包括员工工资、奖金、福利等各项费用。在核算过程中，需深入分析人工成本与餐饮业务量之间的关系，根据业务量变动合理调整人员配置，提高人工成本使用效率。为准确反映餐饮产品的成本构成，需将人工成本合理分摊到各个菜品或服务项目。分摊方法可根据实际情况选择，如按菜品销售额比例分摊、按服务项目工时比例分摊等，确保分摊结果的合理性与准确性。

除原材料与人工成本外，餐饮部还涉及其他多项成本，如水电费、燃料费、餐具损耗费等，这些成本虽单项金额相对较小，但种类繁多，核算难度较大。在核算过程中，需深入分析各项成本的特点与核算难点，制定合理的分摊方法。例如，水电费可根据各部门实际使用量进行分摊；燃料费可根据各厨房的燃料消耗记录进行核算；餐具损耗费则可通过定期盘点餐具数量，结合餐具采购成本与使用寿命等因素进行合理分摊，以确保餐饮成本的全面核算。

3. 餐饮部促销活动核算

为吸引客户、提高市场份额，餐饮部经常开展各类促销活动，如打折优惠、满减活动、赠品活动等，这些促销活动在带来收入增长的同时，也会对成本与税务处理产生一定影响，因此需进行专门的会计核算。

在促销活动收入与成本核算方面，需全面分析促销活动对收入与成本的影响。准确核算促销活动的收入，需根据促销活动的具体规则与实际执行情况，合理确定收入确认时点与金额。例如，打折优惠活动需根据实际销售金额与折扣率计算收入；满减活动则需在客户满足满减条件后，按照扣除优惠金额后的实际收款确认收入。成本核算则需综合考虑促销活动所涉及的各项成本，包括促销商品或服务的成本、促销宣传费用等。通过评估促销活动的经济效益，即收入增长与成本增加之间的对比关系，能够为酒店管理层提供决策依据，判断促销活动是否达到预期效果，是否需要调整促销策略。

促销活动涉及一系列税务问题，如增值税、企业所得税等税种的计算与申报。不同促销方式下的税务处理也存在差异，例如，在打折销售与满减销售在增值税处理上，通常按照实际收款金额计算销项税额；而赠品活动则需视同销售，计算相应的增值税销项税额。在企业所得税方面，需根据促销活动的实际成本与收入情况，准确核算应纳税所得额。因而酒店需深入研究相关税收法规，确保促销活动的税务处理合规，避免税务风险。

（三）酒店康乐部的会计核算内容

1. 康乐收入核算

酒店康乐部作为提供多样化休闲娱乐服务的部门，其收入核算的准确性与完整性对于评估部门经营绩效、制定合理定价策略及优化资源配置至关重要。康乐收入核算主要涵盖健身、游泳等常规项目收入、娱乐项目收入以及其他康乐服务收入三大板块。

在健身、游泳等项目的收入核算方面，康乐部需根据项目特性制定相应的收费标准，并明确收入确认时点。对于会员卡销售模式，收入核算需考虑会员卡的有效期、服务内容及可能存在的退款政策，确保收入的确认既符合会计准则，又能真实反映康乐部的经营状况。在单次消费模式下，收入则直接与消费者实际消费金额挂钩，核算过程相对直接。为准确核算收入，康乐部应建立完善的会员管理系统和消费记录系统，并确保每一笔交易都能被准确追踪和记录。

娱乐项目收入核算更加注重成本核算与收入的匹配关系，KTV、棋牌室、台球室等娱乐项目不仅涉及直接的服务收入，还包含与之相关的成本支出，如场地租赁、设备折旧、人员工资等。为合理计算娱乐项目的毛利率，康乐部需对各项成本进行细致分类和核算，确保成本与收入之间的配比关系合理。

通过毛利率分析，酒店管理层可以评估娱乐项目的盈利能力，进而调整经营策略，提高整体经营效益。

其他康乐服务收入，如按摩、美容美发等，都需要细致的核算方法，这些服务通常具有个性化、定制化的特点，其收入核算需充分考虑服务内容、服务时长、服务质量等因素。为确保收入的准确核算，康乐部应建立详细的服务项目清单和收费标准，并加强对服务过程的监督和管理，确保每一项服务都能按照既定标准执行，从而准确反映出康乐部的经营效益。

2. 康乐成本核算

康乐成本核算涉及多个方面，包括设备折旧与维护成本、人工成本以及其他相关成本，这些成本的准确核算对于评估康乐部的成本控制能力、优化资源配置及提高盈利能力具有重要意义。

在设备折旧与维护成本核算方面，康乐部需根据设备类型、使用年限、残值率等因素制定合理的折旧政策。对于健身器材、游泳池设备、娱乐设施等大型设备，其折旧方法的选择将直接影响康乐部的成本构成和利润水平。因此设备维护成本的核算也需细致入微，包括日常保养、定期检修、故障维修等费用。为合理分摊设备维护成本到各个项目或服务，康乐部应建立科学的成本分摊机制，确保每一项成本都能被准确追溯和分摊。

在人工成本核算方面，康乐部需全面考虑员工工资、奖金、福利等各项费用。人工成本与康乐业务量之间存在密切关系，业务量的增加将直接导致人工成本的上升。为准确反映康乐产品的成本构成，康乐部需根据业务量变化合理调整人员配置，并通过科学的成本分摊方法将人工成本分摊到各个项目或服务中，这有助于酒店管理层更准确地了解康乐产品的成本构成，为制定合理的定价策略提供依据。

除设备折旧、维护成本和人工成本外，康乐部还需关注其他相关成本的核算，这些成本包括水电费、清洁费、物料消耗费等，虽然单项成本可能不高，但累积起来将对康乐部的整体成本构成产生显著影响。为确保康乐成本的全面核算，康乐部应建立完善的成本管理制度，对各项成本进行细致分类和核算。通过合理的分摊方法将成本分摊到各个项目或服务中，以便更准确地评估康乐部的经营效益。

3. 康乐部会员管理核算

会员管理是酒店康乐部经营中的重要环节，其核算工作涉及会员卡销售与收入核算、会员消费与成本核算两大方面。

在会员卡销售与收入核算方面，康乐部需建立完善的会员卡销售流程，包括会员卡类型设计、销售渠道拓展、销售价格制定等，需明确会员卡销售的会计处理原则，确保收入的确认既符合会计准则，又能真实反映康乐部的经营状况。为准确核算会员卡销售收入，康乐部应建立详细的会员卡销售记录系统，对每一笔销售交易进行准确追踪和记录，合理分摊会员卡销售收入到各个会计期间，以反映康乐部在不同时间段的经营成果。

在会员消费与成本核算方面，康乐部需根据会员消费记录准确核算收入与成本，这就要求康乐部建立完善的会员消费管理系统，对会员的每一次消费进行详细记录和分析。通过对比会员消费数据与成本数据，康乐部可以评估会员消费对经营效益的影响，为酒店管理层提供决策依据。例如，通过分析会员消费偏好和消费习惯，康乐部可以调整服务项目和服务质量，提高会员满意度和忠诚度；通过核算会员消费成本，康乐部可以优化成本控制策略，降低不必要的开支，提高盈利能力。

在会员管理核算过程中，康乐部需关注会员权益的保障和会员关系的维护。通过提供优质的会员服务和个性化的消费体验，康乐部可以增强会员的归属感和忠诚度，进而促进会员消费和收入增长。康乐部还需建立完善的会员投诉处理机制，及时解决会员在消费过程中遇到的问题和纠纷，以维护酒店品牌形象和声誉。

四、酒店会计核算的具体科目

（一）资产类科目

1. 应收账款

应收账款科目在酒店会计核算中占据重要地位，它主要用于核算酒店在销售商品、提供劳务等日常经营活动中应收取的款项。在酒店运营过程中，为客人提供住宿、餐饮、会议等一系列服务后，往往会形成相应的应收账款。当涉及债务重组时，酒店财务人员需依据具体情况进行多样化处理。若酒店收到款项，应按照实际收到的金额冲减应收账款，并确认相应的收入或冲减坏账损失；若接受非现金资产，需对所接受资产的价值进行合理评估，按照评估价值与应收账款账面价值的差额，调整资产价值和坏账准备；当债权转投资时，要按照相关会计准则确定长期股权投资的初始投资成本，减少应收账款；对于修改债务条件的情况，如延长还款期限、降低利率等，则需重新计算应收账款的账面价值，并确认相应的损益。

2. 预付账款

预付账款科目用于核算酒店企业按照合同约定预先支付的款项。在酒店业务中，为确保原材料的稳定供应、预订各类服务或进行工程建设等，酒店常常需要提前支付款项。预付账款科目可按供货单位进行明细核算，以便清晰掌握与各供应商之间的预付款往来情况。预付工程价款也在此科目核算，酒店在进行新酒店建设、装修工程等项目时，按照工程进度和合同约定提前支付的工程款项，通过预付账款科目进行记录和跟踪，以确保工程款项的合理使用和及时结算。

3. 应收股利

应收股利科目核算酒店应收取的现金股利和其他单位分配的利润。当酒店对外进行股权投资，持有其他企业的股份时，根据被投资企业的利润分配方案，酒店有权获得相应的股利分配。财务人员需密切关注被投资企业的财务状况和利润分配政策，及时确认应收股利的金额，并在实际收到股利时进行相应的账务处理，从而准确反映酒店的投资收益情况。

4. 应收利息

应收利息科目核算酒店持有的可供出售金融资产等应收取的利息，酒店为提高资金使用效率，可能会将部分闲置资金投资于债券、定期存款等金融产品，从而产生应收利息。财务人员需按照合同约定的利率和计息期间，准确计算应收利息的金额，并及时进行账务处理，确保酒店利息收入的准确核算。

5. 坏账准备

坏账准备科目用于核算酒店应收款项的坏账准备，按照应收款项类别进行明细核算。由于酒店业务涉及大量的应收账款，存在一定的坏账风险，因此需要合理计提坏账准备。在计提坏账准备时，酒店应根据应收账款的账龄、客户信用状况等因素，采用合适的坏账准备计提方法，如余额百分比法、账龄分析法等。当发生坏账损失时，需将相应的应收账款进行转销；若已转销的坏账又收回，则需进行反向账务处理，增加坏账准备和应收账款，并最终确认收入。

6. 存货跌价准备

存货跌价准备科目核算酒店存货跌价准备，按照存货项目和类别进行明细核算。酒店的存货主要包括食品、饮品、客房用品等，这些存货的价值可能会受到市场价格波动、保质期限制等因素的影响而发生减值。酒店财务人员需定期对存货进行盘点和评估，当存货的可变现净值低于其成本时，应计提存货跌价准备。若后期存货价值恢复，且恢复的金额不超过原计提的存货跌价准备金额，应在原已计提的存货跌价准备金额内转回。

7. 可供出售金融资产

可供出售金融资产科目核算酒店持有可供出售金融资产的公允价值，酒店为优化资产配置、获取投资收益，可能会投资于股票、债券等金融资产，并将其划分为可供出售金融资产。在持有期间，酒店需按照公允价值对可供出售金融资产进行后续计量，当公允价值发生变动时，应计入其他综合收益。若发生减值，需计提相应的减值准备；当出售可供出售金融资产时，需将原计入其他综合收益的公允价值变动累计额转出，计入当期损益。

8. 可供出售金融资产减值准备

当可供出售金融资产发生减值迹象时，如发行方发生严重财务困难、金融资产的市场价格大幅下跌等，酒店需对其可收回金额进行评估。若可收回金额低于账面价值，应计提可供出售金融资产减值准备，并将原直接计入所有者权益的因公允价值下降形成的累计损失予以转出，并计入当期损益。

9. 固定资产减值准备

固定资产减值准备科目用于核算酒店固定资产的减值准备。酒店的固定资产包括房屋建筑物、机器设备、运输工具等，这些资产在使用过程中可能会因技术进步、市场环境变化等原因导致其可收回金额低于账面价值。酒店需定期对固定资产进行减值测试，当发现有减值迹象时，及时计提固定资产减值准备，以真实反映固定资产的价值。

10. 无形资产

无形资产科目核算酒店无形资产的成本，涵盖专利权、商标权、土地使用权等多种形式。在酒店行业竞争日益激烈的背景下，无形资产对于提升酒店的核心竞争力具有重要作用。在酒店取得无形资产时，应按照实际成本进行初始计量。在后续使用过程中，需按照规定的方法对无形资产进行摊销，并在发生处置业务时，进行相应的账务处理，准确核算无形资产的增减变动情况。

11. 累计摊销

累计摊销科目核算酒店无形资产的累计摊销金额。无形资产在酒店经营过程中逐渐发挥其价值，其成本应在受益期内进行合理分摊。酒店财务人员应根据无形资产的性质和使用情况，选择合适的摊销方法，如直线法、产量法等，并按照规定的摊销期限和摊销金额，每月计提累计摊销，以反映无形资产价值的逐渐消耗。

12. 无形资产减值准备

无形资产减值准备科目核算酒店无形资产的减值准备。与固定资产类似，无形资产也可能因各种原因导致其价值发生减值。因此当无形资产的可收回金额低于其账面价值时，酒店应计提无形资产减值准备，以避免资产价值的高估，并确保财务报表的真实性和可靠性。

13. 商誉

商誉科目核算酒店在企业合并中形成的商誉价值。在酒店行业，并购活动时有发生，当酒店通过支付现金、发行股份等方式取得其他酒店的控制权时，若购买成本超过被购买方可辨认净资产公允价值份额，其差额即为商誉。商誉减值测试可比照无形资产减值准备的处理方法进行。酒店需定期对商誉进行减值测试，当发现商誉存在减值迹象时，计提相应的商誉减值准备，以反映商誉价值的真实情况。

14. 长期待摊费用

长期待摊费用科目核算酒店已发生但应由以后各期负担的、分摊期限在1年以上的费用。例如，在酒店进行大规模装修工程时，发生的装修费用可能无法在当期全部计入损益，应按照合理的分摊期限进行摊销。在费用发生时，酒店将其计入长期待摊费用科目；在后续各期，按照规定的方法和期限进行摊销，计入相关成本费用科目，以合理匹配费用与收入。

（二）负债类科目

1. 应付账款

应付账款科目核算酒店在购买原材料、商品和接受劳务等经营活动中应支付的款项。酒店日常运营需要采购大量的食品、饮品、客房用品等物资，以及接受各类服务，如清洁服务、维修服务等，这些业务往往会产生应付账款。在债务重组方面，酒店可能面临多种处理方式。若以低于账面价值的款项清偿应付账款，酒店需确认债务重组利得；若以非现金资产清偿，需对所转让非现金资产的公允价值与应付账款账面价值的差额进行处理；在债务转资本时，按照债权人放弃债权而享有股份的面值总额确定股本，应付账款的账面价值与股本之间的差额计入资本公积；在修改债务条件时，需重新计算应付账款的账面价值，并确认相应的损益。

2. 预收账款

预收账款科目用于核算酒店按照合同约定预先收取的款项。在酒店业务中，为提前锁定客源、确保客房预订等，酒店会向客人收取一定金额的预收款。预收账款科目可按购货单位（在酒店业务中主要为预订客人或合作单位）进行明细核算，以便准确掌握预收账款的来源和金额，以确保资金的安全和合理使用。

3. 应付职工薪酬

应付职工薪酬科目核算酒店应付给职工的各种薪酬，包括工资、奖金、津贴、补贴、职工福利、社会保险费、住房公积金等。在薪酬管理过程中，酒店财务人员需按照国家相关法律法规和酒店内部规定，准确计提职工薪酬，并在实际发放时进行相应的账务处理。对于代扣代缴的个人所得税、社会保险费等款项，也应在该科目下进行明细核算，以确保薪酬核算的准确性和完整性。

4. 长期应付款

长期应付款科目核算酒店除长期借款和应付债券以外的其他各种长期应付款项。例如，当酒店通过融资租赁方式租入固定资产时，需支付的租赁费就通过该科目核算。因融资租入固定资产的租赁费通常金额较大、期限较长，酒店需按照租赁合同约定的付款期限和金额，合理确认长期应付款，并在租赁期内按照实际利率进行摊销，计入相关成本费用科目。

5. 未确认融资费用

未确认融资费用科目核算酒店应分期计入利息费用的未确认融资费用。在融资租入固定资产等业务中，由于租赁付款额的现值低于租赁资产的公允价值，两者的差额即为未确认融资费用。酒店应按照实际利率，在租赁期内将未确认融资费用分摊计入财务费用，以反映融资业务的真实成本。

（三）成本类科目

研发支出科目核算酒店在研究与开发无形资产过程中发生的各项支出，在酒店行业竞争不断加剧的背景下，为提升服务质量、开发新的产品和服务，酒店可能会投入一定的资源进行研发活动。研发支出分为费用化支出和资本化支出。对于不符合资本化条件的研发支出，应在发生时直接计入当期损益；对于符合资本化条件的研发支出，需在研发项目达到预定用途前进行归集，待项目完成后再转入无形资产成本。

（四）损益类科目

1. 资产减值损失

资产减值损失科目核算酒店计提各项资产减值准备所形成的损失，酒店持有的各类资产，如应收账款、存货、固定资产、无形资产、可供出售金融资产等，都可能因各种原因发生减值。当酒店计提资产减值准备时，应将相应的金额计入资产减值损失科目，减少当期利润。若已计提减值准备的资产价值恢复，且符合一定的条件，可在原计提的减值准备金额内转回，增加当期利润。

2. 以前年度损益调整

以前年度损益调整科目核算酒店调整以前年度损益的事项，在会计期间结束后，酒店可能会发现以前年度的会计处理存在错误，如会计政策运用不当、会计估计错误、漏记或错记交易等。对于这些需要调整以前年度损益的事项，酒店应通过以前年度损益调整科目进行核算，并调整以前年度的利润和所得税费用，确保财务报表的准确性和一致性，还应对相关账户的余额进行调整，以反映真实的财务状况。

五、酒店会计核算的费用明细

（一）酒店销售费用的费用明细

当企业产生销售费用时，应借记“销售费用”科目及其相关明细项目，并贷记“银行存款”“库存现金”等科目。酒店为了评估各经营部门及员工的业绩，通常会按部门（如客房、餐饮、商场、蒸汽浴、娱乐等）分别核算营业收入、营业成本、费用、税金以及实现的经营利润。因此，销售费用应根据经营部门分别设置账页进行详细核算。

酒店客房使用的布草（包括被套、床单、枕套等）消耗量大且频繁洗涤，通常需要大批量采购并陆续投入使用。如果在大批量采购时采用一次性摊销法或五五摊销法，将不可避免地影响企业会计期间费用水平的均衡性，进而导致盈亏状况失真。由于餐饮部门使用的瓷餐具价值较高，且在使用和洗涤过程中容易破损，因此需要经常大批量采购以补充。鉴于此项费用较大，采购时也可通过“长期待摊费用”会计科目进行核算。通常由专业人员确定合理的损耗率，并据此计算每月应摊销的费用额。酒店员工的服装费用也相对较大，通常批量采购后分别发放。核算方法可参照上述物资。每个月摊销时，借记“销售费用——服装费”“管理费用——服装费”等科目，并贷记“长期待摊费用——员工服装”科目。

尽管上述物资已按长期待摊费用进行分期核销，但仍应在相关部门设立实物账册进行认真登记，加强管理，以防止出现任何问题。

（二）酒店管理费用的费用明细

企业在筹备期间产生的开办费用，包括人员工资、办公费、培训费、差旅费、印刷费、注册登记费以及不计入固定资产成本的借款费用等，当这些费用发生时，应借记“管理费用——开办费”科目，并贷记“银行存款”等科目。若企业筹备时间较长且开办费用较大，可先在“待摊费用”或“长期待摊费用”科目下设立开办费专户，用于汇总各项开办费用。当筹备期结束后，企业正式开始运营时，应按开办费总额逐月摊销。企业董事会费用涵盖董事会成员津贴、会议费、差旅费等，当这些费用发生时，借记“管理费用——董事会费”科目，并贷记“银行存款”“库存现金”等科目。

酒店通常每 3 年左右需对营业大厅、客房、餐厅、舞厅甚至店面等进行大规模翻新装修，这类装修费用庞大，属于大修理费用范畴，一般可采用预提方式核算。预提时，由专业人员提供未来若干年内的重新装修费用估算值，据此计算每月应分摊的金额，借记“管理费用——修理费”科目，并贷记“预提费用——预提装修费”科目。若干年后实际支付装修费用时，借记“预提费用——预提装修费”科目，并贷记“银行存款”等科目。在支付装修费用时，若原计提金额不足，则差额部分需补入管理费用；若原计提金额有余，则留作后续装修费用的预提。若未预先计提装修费用，当实际发生此类费用支出时，应按待摊费用或长期待摊费用处理。

思考与练习

1. 简述酒店会计核算相比一般企业会计核算，具有哪些独特的基本特征？
2. 酒店会计的核算内容主要包括哪些方面？请列举至少三项并简要说明。
3. 请列举酒店会计中常用的三个会计科目，并说明其对应的费用明细。

第三章　酒店客房业务的会计核算

客房业务是酒店运营的核心组成部分，其经营状况直接关系到酒店整体财务表现与市场竞争力。在现代酒店管理体系中，如何通过科学的会计核算手段精准反映客房业务的收支状况，已成为提高财务透明度与经营效率的重要途径。本章围绕客房业务的会计核算，系统探讨宾客入住与离店的管理、客房销售费用的管理和核算、客房营业收入的核算、客房税金的核算与保本保利点测算。

第一节　宾客入住与离店的管理

客房属特殊商品，它以设备齐全的房间，伴以优良的劳动性服务，向宾客提供舒适安全的住宿条件，从而取得一定数额的房金等收入。客房虽属商品，但又与其他商品不同，不能储存，没有入住的空房便是损失。所以，酒店都是尽量地招徕宾客，并尽可能地将空房推销出去，努力提高出租率，争取获得最大的经济效益

一、宾客入住管理

酒店对宾客入住的手续制度，多是根据内部机构设置和人员配备等情况自行制定，所以不尽相同，一般有以下内容。

（一）宾客登记表

宾客登记表是酒店宾客入住管理的基础性文件，其重要性不言而喻。宾

客登记表由入住宾客填写，内容涵盖多项关键信息。宾客的姓名是登记表中的首要信息，是对其身份的基本标识，也是酒店后续服务中称呼宾客、提供个性化服务的重要依据。性别信息有助于酒店在安排房间、提供服务时考虑性别差异带来的不同需求。国籍信息对于酒店了解宾客的来源地、进行国际交流以及遵守相关国际法规等方面有着重要作用，同时能让酒店根据宾客的国籍特点提供一些具有针对性的服务。

护照或身份证号码是登记表中最为关键的身份验证信息。通过核实宾客的护照或身份证号码，酒店能够确保入住人员的身份真实可靠，有效防范各类风险。所在单位名称和地址信息则有助于酒店了解宾客的背景，为商务宾客提供更加精准的服务。同行人数的记录能够让酒店提前做好房间安排和资源配置，确保每位宾客都能获得舒适的住宿体验。

在一些地区，宾客登记表是向公安部门购买的，这体现了酒店入住管理与社会治安管理的紧密联系。公安部门对酒店入住信息的监管是为了维护社会整体的安全稳定，酒店通过使用这种统一规范的登记表，能够更好地配合公安部门的工作，及时准确地为其提供入住宾客的相关信息。

（二）房间卡片

房间卡片是酒店宾客入住管理流程中的重要媒介，它在宾客、酒店前台和客房服务等多个环节之间发挥着关键的连接作用。房间卡片由前台接待人员根据宾客登记表以及其他相关资料来填写和打印，份数则根据酒店的实际管理需求确定，通常至少打印三份。

其中一份房间卡片交由宾客持有，作为其进入所住楼层并开启房间门锁的重要凭证。一份插入“房态控制盘”的该房号空格内，用于实时更新酒店的房态信息，确保前台工作人员能够准确掌握每个房间的入住情况，便于进行房间分配和调度。还有一份交由前台收银员，作为设置宾客账单的依据之一。随着现代酒店管理技术的发展，大中型酒店普遍采用电脑网络管理系统来处理房间卡片信息，提高了管理效率和准确性，减少了人工操作可能带来的错误。

（三）宾客账单

宾客账单是酒店记录宾客消费情况的重要文件，由前台收银员根据房间卡片等资料，按照每位宾客分别设置。宾客账单的管理要求每天及时登记宾客的消费项目和价款，并进行结算。账单中的房金按照房价标准逐日登记，其他各项服务费用则根据各营业部门或服务人员填开并经宾客签字确认的服务费用通知单进行登记，这种细致的账单管理方式有助于酒店准确记录每位宾客的消费情况，确保消费记录的准确性和透明性。同时，也为宾客提供了清晰的消费明细，方便宾客在离店时核对账单，避免出现消费纠纷。通过有效的账单管理，酒店能够更好地控制成本，提高财务管理的效率和准确性，从而为酒店的经营决策提供有力的数据支持。

（四）房间变更通知单

在宾客入住期间，可能会出现需要更换房间的情况。此时，前台经办人员会填写房间变更通知单，该通知单一式三份，一份交原住楼层服务员；一份交换入房间的楼层服务员；一份交前台收银员。前台收银员会根据通知单在宾客账单上进行变更登记，同时调整“房态控制盘”中房间卡片的所插位置，以确保房态信息的准确性和一致性。

房间变更通知单的使用规范了酒店的房间变更流程，确保在房间变更过程中，各个相关部门能够及时、准确地获取信息并做出相应的调整。这不仅有助于提高酒店的服务质量和管理效率，还能有效避免因信息传递不畅而导致的房间资源浪费或服务失误，保障宾客的住宿体验和酒店的正常运营秩序。

二、宾客离店管理

在酒店运营过程中，宾客离店管理是确保酒店服务质量完整闭环的关键环节，对于维护酒店声誉、保障酒店资产安全，以及为宾客提供圆满的离店体验具有至关重要的意义。

当宾客提出离店要求时，楼层服务员需迅速响应，立即对宾客所住房间进行全面细致的检查，这包括但不限于房间内的各类设施设备，如家具、电器、卫生洁具等，查看是否存在损坏情况；同时，清点房间内配备的各类物品，如毛巾、洗漱用品、茶杯等，确认有无短缺，这一过程要求楼层服务员具备高度的责任心和专业的检查技能，确保检查结果的准确性。一旦发现设施损坏或物品短缺，应详细记录具体情况，并及时与前台进行沟通，以便后续妥善处理相关事宜。

前台作为宾客离店流程的核心部门，承担着至关重要的职责。前台经办人员在接到楼层服务员的通知后，需要先收回宾客的房间钥匙和房间卡片，这是确保房间安全和房态准确更新的基础步骤。收回的房间卡片应与从“房态控制盘”撤下的房间卡片进行仔细核对，确保两者信息一致，无误后进行盖戳注销操作，明确房间状态的变更，为后续房间的清洁和再次出租做好准备。

在完成房间卡片的处理后，前台经办人员需立即通过电话与酒店内部的多个部门进行沟通协调。联系餐厅，询问宾客在餐厅的消费情况，是否有尚未报送至前台的消费签单；并与商场取得联系，核实宾客在商场的购物消费记录；同时，向总机房确认宾客在酒店期间的通信费用等其他可能产生的消费情况，这一系列的沟通工作旨在全面查清宾客在酒店的所有消费项目，防止出现漏账现象，保障酒店的经济利益，同时也确保宾客的消费账单准确无误。

在确认宾客的所有消费项目均已准确无误地报送至前台后，前台经办人员应迅速启动账单结算流程。依据宾客的消费记录，仔细核算各项费用，包括房费、餐饮费、购物费、通信费以及其他可能产生的服务费用等，确保账单的准确性。在结算过程中，应向宾客清晰地展示账单明细，耐心解答宾客对于账单的任何疑问，确保宾客对账单内容完全认可。在完成账单结算后，应及时为宾客办理清账退款手续，对于宾客支付的押金或其他预付款项，按照酒店的规定和财务流程，准确无误地退还给宾客，确保宾客的权益得到充分保障。

整个宾客离店管理流程需要酒店各部门之间紧密协作、高效沟通，每一个环节都必须严谨细致地执行，才能确保宾客离店过程的顺利、高效和愉快，为宾客在酒店的住宿体验画上圆满的句号，也为酒店树立良好的品牌形象，更为未来的客源积累奠定坚实的基础。

第二节　客房销售费用的管理和核算

一、客房销售费用的管理

酒店房屋建筑和各项设施的巨额投资耗费，是以折旧和摊销的方式在费用中反映的。所以，客房以出租房间设施而取得收入的经营项目，无法计算成本，只能核算销售费用，这是客房经营特点决定的。客房的营业收入减去销售费用、税金和应负担的管理费用，便是客房的净利润。要想提高客房的盈利水平，重要途径之一是大力降低销售费用。所以，加强客房销售费用的管理显得非常重要，做好客房销售费用的管理主要包括以下内容。

（一）保持固定资产的完好率

在酒店运营的全过程中，固定资产的管理不仅事关成本核算与财务稳定，更直接影响客房服务质量与客户满意度。客房作为酒店运营的核心单元，其相关固定资产包括床、椅、电视、空调、写字台、电热水壶、冰箱、智能门锁、灯具、窗帘等，这些资产的完好与否，将极大地影响客户的入住体验。因此，从客房销售费用管理的角度出发，加强固定资产的维护与保护，是降低长期运行成本、保障资产有效使用周期的关键。

1. 固定资产折旧不可逆，维护是唯一的“节约”路径

从财务核算的角度而言，固定资产一经投入便进入折旧周期，其费用会逐年按比例摊销，成为运营成本的一部分。无论资产使用情况如何，账面折旧额固定，这就意味着在财务操作上并无“压缩”空间。然而，资产的实际使用价值和使用年限却可通过日常维护和合理使用大大延长。这种“延年益寿”的方式，正是酒店在不可回避的折旧成本面前实现间接节约的主要途径。例如，一台正常使用的液晶电视，其设计寿命预期为 5 ~ 8 年，但如果酒店不注重防尘、防潮、防磕碰的日常管理，可能仅用 2 ~ 3 年就出现黑屏、死机等问题，不得不提前更换。这种非计划性替换就会增加额外的维修与采购支出，从而加重客房销售费用负担。因此，固定资产的完好率越高，非预算内支出越低，从宏观上看，有助于整个客房板块的成本可控性增强。

2. 防损机制的制度化建设：从人防到制度防

由于酒店属于公共空间，流动性大、人员构成复杂，这导致固定资产面临较高的破坏风险。尽管绝大多数宾客为合法合规的消费者，但其中仍不乏一些恶意破坏者。因此，首先，要强化服务人员的防范意识，使其具备“公共空间资产责任人”的主动认知。在日常服务中，尤其是在高入住率、节假日或旅游旺季等特殊时段，更需加大巡查密度。其次，应从制度上建立健全固定资产防损责任制。例如，在宾客退房后，楼层服务员必须第一时间进入房间进行全面检查，特别是针对易损件与可移动小电器，需执行“开机测试 + 目视检查”的双重验证，确保未出现损毁或遗失情况。

针对客房电器设备，酒店应配置快速检测流程，如在房间配备的小冰箱、吹风机、电水壶、电视等均应通电运行 10 秒以上，确认功能正常。所有检查结果必须填写《客房设备完好确认单》，由责任人签字归档。一旦发现问题，应立即报告值班主管，由其与宾客核实相关情况，避免事后追责困难。

3. 引入智能化管理手段提升监管效能

传统的人工检查机制虽为基础保障手段，但其在效率和准确性方面仍受限于人力资源的调度与执行力的差异。随着酒店智能化水平的提升，引入信息化资产管理系统已成为趋势。例如，通过在每一件固定资产上粘贴带有 RFID 芯片的电子标签，并通过楼层巡检设备进行快速识别和登记，可以实现对资产状态的实时监控与历史轨迹记录。此外，借助视频监控系统的回放功能，可在出现物品损毁或丢失情况时快速锁定时间段与人员轨迹，提高责任追溯的效率。这些技术的运用，不仅降低了管理成本，也提升了防损效果。

4. 以“备用件 + 容灾机制”减少突发性支出

为了提高固定资产运行的稳定性，部分酒店已开始尝试建立“备用资产池”。即在一定比例的客房标准配置外，另购置若干件常用设备（如电视遥控器、灯具、热水壶等）作为替换件，以便在部分设备损坏时能迅速替换，既保障了客户入住体验，又为维修与更换争取时间，避免直接引发客户投诉或客房停用。同时，对于高价值资产的维护，还应构建“容灾机制”。比如将空调、电力线路、热水管道系统的关键节点设有双路冗余设计，确保即使部分设备突发故障，也能通过备用系统维持客房正常运营，防止“因小失大”。

5. 培训与激励双轮驱动：营造资产共管的企业文化氛围

除技术与制度手段外，酒店员工的服务意识与职业素养对固定资产管理也至关重要。应定期开展资产保护意识培训，使一线服务人员了解各类资产的使用规范、易损部位、防护技巧与应急处理流程。例如，对于智能门锁应避免强力关门造成电子部件错位；液晶电视的使用应避免宾客擅自调整后面线路导致接触不良等。同时，建立奖惩制度，对在固定资产管理中表现突出的员工给予物质或荣誉激励。如某员工连续 3 个月无设备报修记录，或在检查中发现损坏并及时报告避免更大损失，应予以通报表扬；而对于因巡查疏忽导致设备损毁的员工，则应视情况予以训诫或培训补课。

此外，可引入“设备完好率评比”机制，将每个楼层的完好率数据定期公示，并与该楼层的服务质量评分挂钩，形成“要服务质量也要资产安全”的双重导向，营造全员参与、人人有责的共管氛围。

（二）压缩能源消耗

在当前全球节能减排与绿色发展理念深入人心的大背景下，酒店作为典型的高能耗服务性产业，正面临着愈加严峻的能源成本压力。客房作为酒店运行能耗的重心，其能源消耗主要集中于空调、电力、照明、热水及部分电子设备的持续运行上。据有关研究统计，客房能源支出通常占酒店总运营成本的 20% ~ 35%。在不降低服务质量的前提下，通过科学、系统地压缩能源消耗，是提升酒店盈利能力和运营可持续性的核心抓手。

1. 高能耗系统的管理优化

酒店中央空调系统是客房能源消耗的大户。无论是冷暖两用的风冷热泵系统，还是传统的水冷螺杆机组系统，均存在能耗高、启动慢、调温不灵活等问题。部分酒店出于节能目的选择限制空调使用时间，虽在短期内看似降低了能耗，但长期来看却因此引发了宾客不满与投诉，甚至影响复购率和品牌美誉度，反而得不偿失。因此，必须在保障服务品质的基础上寻求更具实效的能源控制策略。

近年来，越来越多的中高端酒店采用“分体式空调替代中央空调”的技术路径。给每间客房安装独立控制的节能变频空调，不仅使能耗控制更精细化、个性化，还能有效规避因空调集中运行带来的系统能耗集中峰值问题。据实践案例反映，采用分体式空调后，整体空调能耗平均降低 30%，且宾客可自由调控室温，居住舒适度明显提升，满意度调查数据亦随之上升，形成了节能与服务体验的双赢局面。

此外，为进一步压缩空调能耗，酒店可在系统上配套安装智能温控系统，基于红外感应技术或入住状态识别装置，实现“人走即关、人来即开”的动态节能控制；同时引入能耗监测平台，实现对各客房用电状态的实时数据抓取、异常预警和能耗统计，从而通过数据驱动决策优化空调运行计划。

2. 热水系统的节能路径选择

客房热水供应系统通常依赖于燃油或燃气锅炉加热储水，再通过管道输送到各房间。传统燃油锅炉因热效率不高、燃料成本上升及操作不稳定等问题，成为酒店运营中隐形的成本负担。部分酒店为降低热水能耗选择限定供应时段，但该做法同样会引发宾客抱怨，甚至在客人如厕洗浴时带来不便，损害客户体验，最终影响入住率。基于此，一种节能且环保的新型热水设备——“无压锅炉”应运而生。其燃料为脱硫环保型蜂窝煤，燃烧稳定、安全性高，尤其适用于中小型酒店实现全天候热水供应。通常而言，该系统在24小时提供55℃恒温热水的同时，其日运行成本与传统燃油锅炉日供热8小时的成本持平，亦无黑烟、异味等污染物排放，符合绿色酒店的建设标准。这种热水系统虽然初期设备投资略高，但运营期回报稳定，尤其适合持续入住率较高的城市型酒店或旅游热点地区。

此外，建议引入智能热水管理平台，通过流量计、热量计、温控器等实现分时、分区、分房间的热水供应管理。例如，低入住率期间关闭部分楼层热水系统，仅保留高频使用区域，做到“按需供应、动态启停”；在夜间低峰期转为低功率保温模式，避免热量大量流失。这些精细化策略既确保宾客用水体验，又能有效节约能源成本。

3. 照明与用电设备的节能升级

除空调和热水外，照明与电子电器也是客房能源消耗的关键领域。传统照明系统多数采用白炽灯或高压钠灯，不仅能效低、寿命短，而且持续发热，对空调系统也造成热负荷压力。为此，全面更换为高效节能的LED灯具是基本手段。

LED照明不仅耗电量低，使用寿命更可达30000小时以上，较传统灯具节能40% ~ 60%。同时，酒店应通过技术改造，将房内照明系统与门卡感应器联动，实现“人到即亮、人走即灭”；亦可在走廊、卫生间等非持续照明区域引入人体感应照明系统，实现节能常态化、自动化。在此基础上，可进一步升级客房智能管理系统，将电视、窗帘、电水壶等高频使用设备纳入控制模块，结合入住登记系统实现“一键离房断电”功能，防止宾客离房后设备长时间处于待机或运行状态。经统计，多家酒店在引入智能电力联控系统后，客房整体用电量平均下降15% ~ 20%，运营费用随之明显降低。

4. 建立能源消耗评估与激励机制

节能的关键不仅在技术，更在于管理理念与执行力的落地。酒店管理者应建立全面的能耗数据记录与分析体系，对各客房楼层、时间段、功能模块进行能源消耗分项统计，并结合入住率、客户反馈等数据分析节能成效，以发现异常波动和管理漏洞。同时，应将能耗数据作为楼层主管、工程部门及客房服务团队的绩效考核指标之一，并设立“最佳节能楼层”“优秀能效管理员”等激励机制，将节能行为量化并纳入奖惩体系。如某楼层通过优化操作流程和加强员工培训使电力使用同比下降 10% 以上，则可予以现金奖励或晋升积分，激发一线员工主动参与节能的积极性，形成“人人有责、层层落实”的管理闭环。

（三）布草管理

在酒店客房运营的全过程中，布草的管理不仅能体现服务品质的基本面貌，更直接关联酒店的运营成本、资源利用效率与环保目标的实现。所谓“布草”，主要指客房中供宾客使用的床单、被套、枕套、毛巾、浴巾、浴袍、地巾等纺织品。作为高频更换、高强度洗涤的消耗性用品，其采购、储备、洗涤、回收与报废等环节，贯穿客房服务流程的始终。因此，科学、精细化地管理布草，是降低客房销售费用的重要突破口之一，也是提升客房部门管理水平的核心要素。

1. 合理控制布草的配置标准与库存量

在布草管理中，库存量的科学设定具有基础性作用。过量储备将占用大量资金与库容空间，增加折旧损耗与管理成本；反之，库存不足则易引发布草断供，导致客房服务中断，影响客户满意度。因此，酒店应根据平均入住率、布草更换频率及洗涤周期等关键参数，制定合理的布草配置比。例如，按照行业惯例，布草的储备量应为日常使用量的 2 ～ 3 倍，其中 1 套用于客房使用，1 套用于洗涤周转，1 套用于备用调配。对于入住率高波动性的节假日或旅游旺季，还需提前预估需求峰值，适度增加临时储备，以保障服务连续性。同时，应对各类布草设定最低库存警戒线，由客房管理系统自动提示库存不足风险，及时启动采购补充机制。此外，酒店还可根据客房使用频率进行“动态配布”，将布草周转率较高的楼层或区域优先配备，以提高布草使用效率，减少重复搬运带来的无效损耗。

2. 优化布草采购策略：注重材质与耐洗性能的匹配

布草作为高频使用、高频洗涤的物资，其选材标准将直接影响使用寿命与洗涤能耗。在采购阶段，应秉持“品质优先、经济适用、适度厚薄”的原则，综合考虑布草的耐磨性、吸水性、色牢度、缩水率以及织法结构等指标。

建议优先选择涤棉混纺或高支高密的纯棉面料，其织物结构紧密，抗拉力强，既具舒适触感，又具备良好的耐洗耐用性能。相较于厚重或花哨布料，这类布草烘干时间更短、洗涤效率更高，有助于降低能源与水资源消耗。

此外，采购时应根据不同布草用途设置专属技术标准，如浴巾与地巾应具备强吸水性与抗菌性能；床单被套则需考虑肤感舒适度与透气性。对于高端酒店可适当引入“环保认证面料”或“可降解再生纤维布草”，既符合绿色可持续发展战略，也利于打造差异化服务形象。

为避免因布草单一供应渠道导致采购成本上升或质量不稳，可建立多供应商竞价采购机制，在确保产品质量的前提下，择优选择性价比高、供货稳定的厂家，并定期对供应商履约情况、产品品质与售后服务进行综合评估，以动态调整合作策略。

3. 精细化管理洗涤流程：提升洗涤效率与延长布草寿命

布草洗涤是布草生命周期中消耗最为集中的环节。频繁的高温水洗、强力化学剂处理与机械翻滚，极易造成纤维断裂、掉色与布面变形，导致布草提前报废。因此，需科学规划洗涤流程，依据布质、污染程度与使用性质进行分类、分批处理，避免“一刀切”的粗放式洗涤方式。

具体而言，应设定差异化洗涤程序：如客用毛巾类应使用温和去油型洗涤剂，控制滚洗时间不超过标准值；床单、被套则应重点去除汗渍与体味，洗涤水温控制在 60℃ ~ 70℃之间，避免高温破坏纤维结构。所有洗涤流程都应在规范操作参数（如水位、洗涤剂投放量、脱水时间等）指导下执行，确保既达到卫生标准，又降低织物磨损率。

此外，必须加强对洗衣坊工作人员的培训，使其掌握不同布草的识别技巧、洗涤流程、设备操作规范与故障应对措施。对机器运行周期、清洗剂配比等应制定详细操作规程并张贴于醒目位置，实行标准化操作与全流程质量追溯。

为进一步提高洗涤管理效率，可引入数字化洗衣管理系统，自动记录各类布草的洗涤次数、损耗状况及报废周期，实现布草使用寿命的动态监控与预警管理，从而科学决策采购与报废，形成“数据驱动、闭环管理”的洗涤生态体系。

4. 建立布草报损与追责机制：规范使用与强化责任

布草在使用过程中不可避免会存在一定的磨损、遗失或人为破坏。为避免资源浪费与成本失控，应构建严格的报损审核与责任追踪机制。应规定明确的布草报损审批流程：每一件报损布草须附详细报损申请单，注明使用楼层、房号、服务员姓名、损坏原因等信息，并由楼层主管签字审核，再交由客房部经理备案存档，杜绝虚报瞒报行为。

对于重复出现布草严重污染、非正常撕裂、热烫熔化等问题的房间与服务员，应追查原因并开展责任约谈，必要时可依据管理制度给予处罚。与此同时，应加强宾客使用布草的行为规范提示，如在房间内放置温馨提示卡，提醒宾客避免将毛巾用于擦鞋、卸妆、染发等用途，既保护布草，也减少争议。

针对布草遗失问题，可采用布草编号与条形码管理方式，为每件布草赋予唯一识别码，便于在洗涤、配送、回收过程中实现全流程追踪，降低布草流失概率。部分大型酒店亦在布草管理中引入 RFID 技术，借助芯片自动识别、定位与盘点，极大提高了管理效率与信息化水平。

5. 推进绿色布草理念：向可持续酒店转型迈进

随着可持续发展理念在全球酒店行业的持续深化，绿色布草管理已逐步成为酒店品牌价值构建的重要组成部分。推动布草的循环使用、节能洗涤与环保处置，是实现客房服务从“成本中心”向“价值中心”转化的关键步骤。

在布草使用周期结束后，不应全都一弃了之。可将已不适合客房使用但尚具基本结构的布草回收，用作员工清洁布、工程擦拭布或捐赠至公益组织，延长其服务价值。对于无法继续使用的布草，应委托有资质的环保机构进行分类回收或资源化处理，从而减少废弃物对环境的压力。

（四）一次性用品的管理

在酒店客房运营体系中，一次性用品的供给管理虽属微观层面，但其在运营成本构成、客户满意度及资源可持续利用等维度均具有不可忽视的重要性。一次性用品，通常指牙刷、牙膏、香皂、洗发水、梳子、拖鞋、剃须刀等在客房内按住客人次进行定额配发、使用后即弃的物资。这类用品虽然单件成本较低，但由于其发放数量较大、使用频率高，若管理不当，则易形成大量浪费，进而推高客房销售费用，对酒店整体运营效率造成负面影响。因此，构建一套科学、细致且符合服务伦理的一次性用品管理机制，已成为现代酒店精细化管理的关键环节之一。

1. 精准化定额发放：以需求为导向优化资源配置

传统酒店管理中普遍存在一次性用品“按间供给”而非“按需供给”的惯性做法，即每间客房无论实际入住人数及客人习惯，均统一配备固定数量的个人洗漱与生活用品。这种“过度供给”模式不仅会造成资源的大量浪费，还增加后续清洁及物资回收的工作负担，进而间接提升了客房服务运营成本。

因此，应从“以客户为中心”的角度出发，推行更具有针对性的定额发放策略。具体而言，可根据不同房型（单人间、双人间、家庭房等）、入住人数与宾客习惯，制定差异化的用品配备清单。在客人办理入住时，前台应主动询问其对特定一次性用品（如剃须刀、浴帽、棉签包等）是否有使用需求，并通过信息系统同步至客房服务端，实现个性化、精准化的发放机制。如此不仅避免了过度供给，也提升了服务的人性化程度。

此外，可借助数字化工具，如移动终端App、小程序等，允许宾客在入住前或期间自主勾选所需的一次性用品，前台或客房服务人员依据系统生成的清单配发物资，进一步实现“按需配送”，避免无效供给。

2. 建立完善的发放与回收登记制度：规范流程，防止流失

为了有效控制一次性用品的使用与消耗，应在物资管理流程中建立系统化、可追溯的登记制度。以“客房日用品消耗统计表”为基础，每日由楼层服务员根据房间清扫及入住情况，记录所发放一次性用品的种类与数量，同时注明房号、入住人数、补发原因等关键信息。该表格由楼层主管进行每日审核，客房部定期汇总后提交酒店财务与审计部门备案，以便进行成本核算与采购决策依据的提取。

在用品补充环节，应实行“双人监督制”或“交叉核查机制”，由两名工作人员共同完成物资的领取、清点与配送，减少人为误差与贪污行为发生的可能。同时，需完善一次性用品的仓库出入库制度，由专人负责登记每次出入库情况，定期进行盘点比对，确保账实一致。对于回收物品，如未拆封的牙刷、梳子、浴帽等，在确认未被使用、包装完整无损且符合卫生标准的前提下，可重新入库用于下次配送，形成小循环闭环，有效减少浪费。

3. 细化分类与差异化采购：控制成本，提升体验

一次性用品虽属低值易耗品，但其种类繁多、来源复杂，若缺乏精细化的分类与标准化采购体系，不仅易引发品质不稳、库存失衡等问题，也难以从根本上降低其采购与管理成本。酒店应依据物品性质、使用频率与客人反

馈等因素，将一次性用品细分为“高频使用类”“低频选择类”与“客户定制类”三大类，分别制定相应的采购策略与供应标准。

对于“高频使用类”（如牙刷、牙膏、香皂等），应优选品牌信誉好、口碑稳定、环保性能突出的供应商，通过集中采购获得规模议价优势。此类用品的舒适性与安全性直接影响客户第一印象，因此不宜一味压低成本，而应在价格与品质之间寻求最佳平衡点。

“低频选择类”如剃须刀、擦鞋布、缝纫包等，则可采用“定点供给”或“按需配发”的方式，以减少无谓库存与浪费。对于部分高端客户或 VIP 客人，酒店还可设置“客户定制类”用品包，如进口品牌洗发液、有机牙膏、环保拖鞋等，在尊重其个性化需求的基础上，通过细节营造增强客户的尊崇感和忠诚度。

采购过程中应强化供应商质量控制体系，引入第三方抽检机制，定期对产品成分、安全性、包装环保等级进行检测，并建立“优胜劣汰”的供应商评价制度。通过科学采购与分类投放，实现“一次性用品”的“非一次性管理”。

4. 推进绿色理念：可重复用品的引入与环保循环

在可持续发展理念日益强化的今天，传统一次性用品的大量使用面临环境伦理与成本管控的双重挑战。各类塑料包装、低质塑料拖鞋等不仅难以降解，还加剧了固废处理负担。因此，推动一次性用品向环保化、可循环化方向转型，是现代酒店提升管理质量与社会形象的关键举措。

具体措施包括：引入可重复使用用品的试点机制。例如，有一些酒店将一次性梳子替换为耐高温可清洗的硬质塑料梳，宾客使用后可由酒店清洗消毒后再次投入使用，减少资源浪费。对于塑料瓶包装的洗发水、沐浴露，可改用“墙挂式补充瓶”或“集中供液装置”，不仅更为环保，也节省包装费用。

同时，可结合绿色倡导，通过房间提示卡、前台说明等方式，鼓励宾客自带洗漱用品，并给予其小额积分奖励或环保优惠券，提升客户环保参与意识。在部分高星级酒店实践中，通过环保倡议，约 20% 的宾客选择不再领取酒店一次性用品，显著降低了资源消耗。

5. 实施成本核算机制：强化管理目标的量化导向

为了全面掌握一次性用品的耗用情况并实现成本可控，应将其纳入客房销售费用的专项核算范畴，细化至各类物品的单位成本、月度消耗量、平均每间房耗用数等维度，建立相对独立的物资费用核算报表体系。在此基础上，可设定季度、年度的消耗控制目标，通过管理数据驱动运营优化。例如，以“每间夜平均一次性用品成本”作为核心指标进行横向对比分析，不仅能发现楼层、班组之间的使用差异，还能追溯某阶段物资异常消耗的潜在原因，为管理优化提供决策依据。同时，将此类指标纳入服务员绩效考评体系，形成正向激励机制，对表现优异、能有效回收物品或减少资源浪费的员工予以公开表彰或奖励，激发员工在服务环节中的成本意识与管理参与感。

二、客房销售费用的核算

（一）客房销售费用中的工资核算

在酒店业的经营管理体系中，客房部门作为服务收益的主要来源，其运营成本核算的准确性将直接影响整个酒店的财务真实性与绩效评估。其中，职工工资作为销售费用中的重要组成部分，占据了客房部门支出结构中显著的比例。因此，对工资费用的科学核算，不仅关乎财务报表的合理呈现，也涉及成本控制、资源配置与员工激励等多维管理要素。

1. 工资核算的时间差问题与预提制度

当前，大多数酒店采用“当月工资次月发放”的支付制度，仅少数国有性质或历史沿袭较强的企业在当月结算工资支出，这种结算时间上的滞后性，虽符合企业内部现金流管理的考量，但在会计核算上容易造成“收入确认与费用匹配”之间的时间错配。具体表现为：当月实际发生了员工的劳务提供行为，即应确认为费用形成期，然而由于工资在次月发放，当期账面上并未反映相应的工资支出，造成利润虚高、费用失真等问题。

为解决这一会计匹配性缺失问题，酒店通常需对当月工资进行“预提”。所谓预提工资，是指依据员工岗位、工资标准和出勤情况等，合理估算其当月应得的报酬，在当期计入费用，并在次月工资实际发放后进行账务调整。这种处理方式遵循权责发生制的会计原则，确保了期间费用的真实反映。

2. 工资预提的核算方法及调整机制

在实际操作中，工资预提的会计处理方式需结合酒店工资结构的复杂性及其薪酬制度的差异化进行个性化设计。由于部分岗位工资构成中包含较高比例的绩效奖金、服务提成、津贴补助等可变因素，导致预提工资金额与实际发放金额之间常存在一定差异。因此，必须在次月工资发放时进行账务调整，以保证预提费用的准确性。目前，业界主要采用两种工资预提与调整方法。

（1）实际发放与预提差额直接冲账

实际发放与预提差额直接冲账操作简便，适用于工资结构较为稳定的酒店，尤其适用于各类员工工资项目基本恒定，年度浮动不大时。其操作步骤如下：

第一，月末根据岗位工资、人员编制及出勤数据预估工资总额，进行会计预提：

借：销售费用——工资

　　贷：应付职工薪酬——工资

第二，次月工资发放时，依据工资表将实际发放额入账，冲销原预提：

借：应付职工薪酬——工资

　　贷：银行存款

若实发工资高于预提金额，差额部分继续作为费用补记；反之，则冲减销售费用。

（2）先行确认预提工资，再以调整分录校正

先行确认预提工资，再以调整分录校正的方法适用于工资结构复杂或存在较大季度性波动的酒店，尤其适用于设有奖励性薪资、绩效工资或服务提成等浮动项较多的岗位。其处理流程如下：

第一，以基础工资加平均值估算预提额：

借：销售费用——工资

　　贷：应付职工薪酬——工资

第二，次月工资实际发放时，如发现差异，则作出相应的调账分录。

若实发工资大于预提额：

借：销售费用——工资（差额部分）

　　贷：应付职工薪酬——工资

若实发工资小于预提额：

借：应付职工薪酬——工资

　　贷：销售费用——工资（冲减部分）

先行确认预提工资，再以调整分录校正方法的优点在于能够通过事后校正机制提高核算精度，尤其适用于动态监控员工人力成本、开展部门绩效分析。

3. 各类工资构成的核算分拆

酒店客房部员工工资构成多样，除基础岗位工资以外，常包括工龄津贴、夜班补贴、岗位补助、绩效工资、超时加班费、节日慰问金等项目。合理将各项工资费用分拆核算，有助于提高财务数据的透明度和可用性，也便于管理层对人力成本结构进行精准分析与优化。例如，基础工资及岗位津贴——可统一归入“工资支出”科目；绩效奖金与提成类——可另设“激励性薪酬”明细科目，反映激励成本；节假日加班费、夜班补贴等——应计入“员工福利费用”，作为劳动力保障性支出的体现。通过科学分类，酒店可形成一套完整的工资费用核算体系，支持成本中心管理、绩效考核、预算控制等多重管理功能。

4. 跨部门协同与预算对比分析

为实现工资费用核算的全过程管理，客房部还需与人力资源部、财务部紧密协作。人力资源部提供编制定员、岗位薪资标准与变动通知，财务部据此编制成本预算、实施控制与核算记录，客房部则承担工资数据的初步统计和审批职责。

此外，结合年度财务预算，应定期开展“工资费用执行情况与预算对比分析”。通过比较月度、季度工资支出的执行数据与预算指标之间的差异，识别人力成本偏高的原因，如人员编制超标、岗位浮动频繁、奖金支出失控等，为下一阶段的人力资源配置和费用控制提供决策依据。

（二）客房销售费用中的能源消耗核算

客房能源消耗主要是电力和燃油方面。中央空调、热水、洗衣坊的能源消耗最大。

能源费用发生时：

借：销售费用——电费或燃料费

　　贷：银行存款

洗衣坊虽不单独核算，但其成本费用占客房费用总额 5% 以上，而且根据业务需要，洗衣坊的成本费用，要作账外核算。所以对洗衣坊的能源消耗应进行统计。其中：电费可按洗衣设备的功率和需要运转的时间计算确定；燃油是锅炉提供烘干机蒸汽的消耗，但与供应客房的热水混在一起，只能由工程部门的技术人员估计各占耗油比例来确定各自的燃料费。统计出的洗衣坊能源消耗费用，供账外核算洗涤成本之用，不作账务处理。

（三）客房销售费用中的原材料消耗核算

在酒店客房运营中，原材料的消耗虽不如能源费用显得显著，但在持续性支出中却成了客房销售成本的重要组成部分。客房原材料一般指为了实现客户入住服务所必须提供的各类易耗性物资，如一次性洗漱用品、床上用品更换材料、清洁用品、装饰小物品等。虽然这些物资在单件价值上较低，但因其使用频次高、更新周期短，且与客户体验直接相关，故而其核算对于酒店成本控制、服务标准维护及内部管理优化具有重要意义。

1. 原材料分类与消耗特性

在酒店客房运营中，原材料可大致划分为三类：①一次性耗材，包括牙刷、牙膏、香皂、洗发水、沐浴露、拖鞋、梳子、剃须刀等，该类物品为客人首次入住时即配置，基本不可重复使用；②可周转性用品，如毛巾、床单、被套、枕套、浴袍等，其使用后经洗涤消毒可再次投入使用，但亦存在一定的折旧周期与替换标准；③保洁与维护类耗材，如洗衣粉、消毒液、玻璃清洁剂、马桶清洁剂、香氛喷雾等，主要用于保洁人员的日常房间打扫和设施维护。

前述三类原材料具有以下消耗特性：①以客房服务为主线，消费行为随入住率变化而变动；②存在标准化配置基准，各星级酒店通常根据服务等级来制定配置规范；③存在可计量性与可控性，通过“间夜单耗”可测算单位原材料成本；④部分材料需进行“消耗寿命”分摊，如毛巾、床单等周转物品应依据其使用次数折旧计算单位成本。因此，原材料核算在于通过科学的配置标准、合理的成本分摊方法与严格的账务处理，构建起物资成本与服务质量之间的平衡机制。

2. 一次性耗材的标准配置与核算方法

（1）一次性耗材的标准配置

一次性用品的消耗直接伴随着客人的入住行为，是客房服务中最具消耗性的部分。为规范使用，酒店通常根据“间夜”制定配置标准。例如，一般标准双人间一次性用品配置如下：①牙刷、牙膏各 2 份；②洗发水、沐浴露各 2 瓶；③一次性拖鞋 2 双；④香皂 2 块；⑤梳子 1 把；⑥剃须刀 1 把（部分酒店按需提供）；⑦护肤品 1 套（中高端酒店配置）。

（2）一次性耗材的核算方法

一次性耗材的核算方法包括：①制定单间夜消耗清单，按配置标准统计每间房每晚应消耗的物资；②获取单位采购价格，由采购部提供每种耗材当前批次采购单价；③计算单位间夜成本，将所有耗材数量乘以单价后汇总，得出单位间夜一次性用品成本；④乘以当期入住间夜数，从而得到当期总一次性耗材费用。

（四）客房销售费用中的服装费核算

酒店通常注重员工形象规定必须统一着装。星级酒店服装档次较高，价格昂贵，费用很高。一般于购进时便能分清着装对象，可分部门列入有关费用的“服装费”项目。

有的酒店认为服装的价值高，为了加强管理，购入时列为低值易耗品。领用时按五五摊销法，将50%价值计入有关费用。

有的酒店则认为服装一经领用便成为费用，故购入时直接列入“长期待摊费用”按两年至三年分月摊销，计入各有关费用的“服装费”项目。

服装费不论采用何种方式核算，都要指定专人，设置备查簿，对发放的服装，分部门和领用人登记管理。离职人员应交还所领服装，避免浪费。

（五）客房销售费用中的折旧费核算

酒店固定资产最大项目是房屋建筑和电梯、中央空调、锅炉等各种大型设施，很难分清使用部门分摊折旧费，一般是在管理费用核算。有些酒店是将能分清经营部门的折旧费，列入各部门的销售费用；凡分不清使用部门的折旧费则在管理费用核算。

酒店固定资产折旧，一般不使用加速折旧法，普遍使用直线法的平均年限法。拥有车队的车辆可采用工作量法，按行驶里程计算折旧。

1. 直线法的平均年限法

国家税法规定计算固定资产折旧的残值一律为5%。平均年限法的计算公式如下：

$$\text{年折旧额}=\frac{\text{原值}\times(1-5\%)}{\text{使用年限}} \tag{3-1}$$

$$\text{月折旧额}=\text{年折旧额}\div 12 \tag{3-2}$$

以上公式可以简化如下：

$$月折旧率=\frac{1-5\%}{使用年限\times12} \quad （3-3）$$

$$月折旧额=原值\times月折旧率 \quad （3-4）$$

从以上简化的计算公式可以看到，凡年限相同，其月折旧率也相同。为了简化固定资产折旧的计算工作，只需事先将各种年限的折旧率计算出来，列一张对照表。计算各项固定资产月折旧额时，只需将原值乘以相应使用年限的月折旧率求得，这种方法快捷方便。

2. 工作量法

工作量法又称作业量法，是根据固定资产在使用期间完成的工作量平均计算折旧的一种方法。按工作量法平均计算折旧，在一定期间内固定资产的工作量越多，其计提的折旧也就越多，这一点又与平均年限法有所不同。工作量法一般有以下三种方式：

（1）按工作小时计算折旧

按工作小时计算折旧的公式如下：

$$单位工作小时折旧额=\frac{固定资产原值\times（1-5\%）}{预计总工作时间} \quad （3-5）$$

（2）按台班计算折旧

按台班计算折旧的公式如下：

$$单位台班折旧额=\frac{固定资产原值\times（1-5\%）}{预计总工作台班} \quad （3-6）$$

（3）按行驶里程计算折旧

按行驶里程计算折旧的公式如下：

$$单位行驶里程折旧额=\frac{固定资产原值\times（1-5\%）}{预计总行驶里程} \quad （3-7）$$

第三节　客房营业收入的核算

现代酒店财务管理是酒店经营管理的核心，而酒店营业收入的控制是酒店财务管理的重要组成部分。其中，客房收入作为酒店营业收入的主要部分，加强酒店客房收入的控制、核算与管理有着非常重要的意义①。通常而言，客房前台每天结算营业收入和编制营业日报表时，有应收应付制和收付实现制两种不同的核算制度。

一、客房营业收入的应收应付核算制度

规模较大、房间较多的酒店都是采用应收应付核算制度，即当天的营业收入只要发生了，不论是否已收到款项，均作为当天的收入处理。酒店对宾客房金等消费款结算有两种方式：一是先付款后住店（即预收房金方式）；二是先住店后付款（即挂账方式），这两种结算方式，前台结算操作和编制营业日报表的方法基本相同。不同之处仅所反映的宾客账款有二：一是“结存”，二是“结欠”；账款为结欠时，只需在“结存”栏以（一）号反映。这两种结算方式，会计核算并无区别。在酒店的财务管理中，客房营业收入的核算是一项至关重要的工作，而采用应收应付制核算制度是实现这一目标的有效方式。为了确保核算工作的准确性和规范性，前台必须设置客房营业日记台账，并由收银员依据宾客账单进行详细登记，进而编制客房营业日报表，以下是对这一核算制度的详细阐述。

（一）客房营业日记台账的设置和登记

1. 台账的设置与基本登记原则

客房营业日记台账是客房营业收入核算的基础工具，通常按每一楼层设置一张。收银员根据宾客账单进行登记，为了便于结算，原则上每一房号宾客的账目在台账上只登记为一行，只需按宾客账单各项目当天的合计数进行

① 王艳．酒店客房收入会计核算控制分析 [J]. 新财经（理论版），2014（1）：266.

登记。这种登记方式能够清晰地呈现每个房间宾客当天的消费总情况，避免了烦琐的逐项登记，提高了工作效率，同时便于后续的核对和结算工作。

2. 不同班次收银员的登记职责

早班和中班收银员的登记职责相对明确，他们只负责登记本班营业时间入住的宾客账目，这种职责划分使得各班次收银员能够专注于自己工作时间内的业务，减少了因跨班登记可能产生的混乱和错误。晚班收银员的职责则相对复杂，除了要登记本班营业时间入住的宾客账目，在零点以后，还需设置第二天的新台账，并将前一天台账上未离店续住宾客的一部分账目资料归入新的台账。过账时，只需将宾客的房号、人数、姓名、到店日期和结算栏的“结存”或“结欠”（即负号的金额）逐项过入新账页，而前一天台账上所记录的消费项目金额则不需过入新台账。这种做法既保证了台账的连续性，又避免了重复登记，从而确保了账目信息的准确性和清晰性。

3. 宾客退房时的台账处理

第二天早班期间宾客退房时，早班收银员应将该宾客在前一班台账的记录全部过入本班台账，以便进行结算。中班期间宾客退房，中班收银员则应将该宾客在早班台账的全部记录过入本班台账，同样是为了便于结算。晚班期间，零点前宾客退房，晚班收银员应将该宾客在中班台账上的全部记录归入本班台账，以便结算；而零点后宾客退房，如果已建立新台账，因该宾客消费记录已归入新账，只需按照台账结算。这些细致的处理规定，确保了在不同时间段宾客退房时，账目能够得到及时、准确的处理，避免了因班次交接而可能出现的账目遗漏或重复结算等问题。

4. 台账的其他登记细节

台账的“已住天数”栏在宾客离店结算前可空置不填，等离店结算时，再按实住天数填列。给宾客总账单的房金一项，只需用实住天数乘以房价求得，但还应与宾客账单记录核对相符，这种做法既简化了登记流程，又确保了房金计算的准确性。宾客离店结算退还余款时，以“（一）”号在“今日收款”栏反映，这种明确的标记方式便于区分收款和退款，有助于财务人员清晰地了解资金的流动情况。当天入住又当天退房的宾客，如果前班收银员登记台账并收款，现金由后班收银员办理结算退款手续，则后班收银员应将该宾客在前班台账的记录归入本班台账，以便结算退款。若因入住时间短暂，经领导同意退还原交房金的一部分时，按退还金额，以“（一）”号分别填入“房金”和“今日应收”两栏，冲减原记录，所退还的房金，以“（一）”号在“今日收款”栏反映。这些特殊情形的处理规定，体现了核算制度的灵活性和适应性，能够应对各种复杂的业务情况，确保账目处理的准确性和合规性。为了便于分清班次，台账上各班之间应空置一行，这种简单的布局设计能有效地避免班次之间的账目混淆，提高了台账的可读性和易用性。

（二）收银员各自向财务部门交款

在客房营业收入的应收应付核算制度中，收银员的交款流程是确保财务数据准确性和资金安全的重要环节。具体而言，各班次的收银员在完成本班次的工作后，需根据客房营业日记台账中“今日收款”栏的合计金额，将所收取的现金全额上交至财务部门。例如，在某一天的营业中，早班收银员可能收取了 1000 元，中班收银员收取了 1000 元，而晚班收银员收取了 500 元，总计 2500 元。这些金额与当天的台账记录以及营业日报表中的“今日收款”数额完全一致。在另一天的营业中，早班收银员收取了 710 元，中班收银员收取了 300 元，晚班收银员收取了 500 元，总计 1510 元，同样与台账和营业日报表的记录相符。这种按班次分别交款的模式，使得财务部门能够清晰地掌握每个班次的收款情况，便于对资金进行有效的管理和核对。

为了进一步优化交款流程，中班收银员和晚班收银员所收取的款项在班次结束后，会由收银员各自进行打包并封签，然后存放在前台的保险柜内。次日早班的收银员会将这些款项一并取出，统一办理交款手续，这种做法不仅确保了款项的安全性，避免了在交款过程中可能出现的风险，还简化了交款流程，提高了工作效率。同时，这种集中交款的方式也便于财务部门对款项进行统一管理和核对，从而确保了资金的安全和财务数据的准确性。通过这种严谨的交款流程，酒店能够有效地保障客房营业收入的准确核算和资金的安全流转，为酒店的财务健康和运营效率提供坚实的支持。

（三）前台设置周转金

由于各班收银员所收款项均全额上交财务部门，在日常与宾客结算时，可能会出现收入房金少而退还房金多的情况，这就导致会出现无款支付的问题。因此，必须根据业务大小情况，核拨前台一定数额的周转金。在与宾客结账时，如遇入不敷出，收银员可动用周转金，以后再用收入的现金归还所动用的周转金，遵循“谁动用，谁归还”的原则。周转金的设置有效地解决了收银员在资金周转上的困难，保证了结算工作的顺利进行。周转金在三班收银员之间相互交接，为了分清责任，防止差错，必须设立周转金交接签收簿。通过这种方式，能够清晰地记录周转金的使用和交接情况，便于对周转金进行管理和监督，确保周转金的安全和合理使用，同时为可能出现的财务问题提供了追溯依据，保障了酒店财务核算的准确性和完整性。

通过以上详细阐述的客房营业收入的应收应付核算制度，可以看出这一制度在确保酒店客房营业收入核算的准确性、规范性和高效性方面发挥着关键作用。从客房营业日记台账的细致设置与登记，到收银员交款的明确流程，再到前台周转金的合理安排与管理，每一个环节都紧密相连，相互配合，共同构成了一个严谨、科学的核算体系。这不仅有助于酒店准确掌握客房营业收入情况，为财务决策提供可靠依据，还能有效防范财务风险，保障酒店的经济效益和财务健康。

二、客房营业收入的收付实现核算制度

在酒店行业，不同的财务核算制度有着各自的适用场景与特点。对于规模较小、房间数量不多的酒店而言，收付实现核算制度是一种较为常见且简便的财务处理方式，该制度的核心在于，酒店当天所确认的营业收入，仅涵盖那些已经完成结账离店流程，并且酒店已经实际收到款项或者已经明确确认为挂账的收入部分。换言之，像续住宾客尚未进行结算的房金等收入，在当天的营业收入统计中是不被纳入的。收付实现核算制度的优势主要体现在前台结算等操作环节的简便性上。由于无须对尚未结账的收入进行复杂的预估和账务处理，使前台工作人员能够更加高效地完成日常的结算工作，减少了操作流程中的烦琐步骤和可能出现的错误，从而在一定程度上提高了酒店前台的服务效率和运营流畅度。

然而，收付实现核算制度也存在一些不容忽视的缺点。首先，它所反映的营业收入情况不够真实和完整。由于未将尚未结算的续住宾客房金等收入纳入当天的营业收入统计，这就导致在某一特定时间点上，酒店所呈现的营业收入数据无法全面、准确地反映酒店实际的经营成果，这种不真实的收入数据可能会对酒店管理层的决策产生误导，使他们难以准确评估酒店的经营状况和盈利能力。其次，采用收付实现核算制度的酒店，通常会将预收房金

全部存放在前台。在一些情况下，预收房金的数额可能会相当可观。这样的做法既不利于酒店资金的合理周转，也不利于资金的安全管理。一方面，大量的资金闲置在前台，无法及时投入到酒店的其他运营环节或用于投资等，从而降低了资金的使用效率，影响了酒店的资金流动性和整体经济效益；另一方面，前台作为酒店的公共区域，人员流动频繁，将大量现金存放于此存在着较大的安全隐患，容易引发资金被盗、被挪用等风险，可能会给酒店带来不必要的经济损失。

为了在一定程度上弥补收付实现制收入不实的缺陷，部分酒店采取了一些补充措施。具体而言，这些酒店会在每个会计月度结束时，对续住宾客尚未结算的营业收入进行仔细的统计和核算，确定其总额。随后，会计部门根据这一总额，进行相应的会计分录处理，即借记“应收账款”账户，贷记“主营业务收入”账户。待下月初时，再用红字作相同的分录进行冲销。通过这样的操作，虽然在月度层面上，酒店所反映的客房营业收入能够更加接近实际的经营状况，但每天所反映的营业收入仍然存在不全面的问题，这种处理方式虽然在一定程度上缓解了收付实现制的不足，但并未从根本上解决其固有的缺陷。

需要注意的是，在采用收付实现核算制度的酒店中，前台的账务设置相对简单。前台无须设置客房营业日记台账，仅需设置宾客账单。宾客账单的格式以及登记、结算方法，与采用应收应付制的酒店基本相同。这意味着，酒店在处理宾客的住宿账务时，依然遵循着一套相对标准化的流程，确保了账务处理的规范性和准确性，而客房营业日报表则是根据当天已经结算离店的宾客账单中的各个项目进行汇总编制而成。在营业日报表的格式方面，除了结算栏仅列出现金收入和挂账收入这两项内容，其他各项内容与采用应收应付制的营业日报表基本保持一致，这样的设计既保证了营业日报表能够清晰地反映当天的实际收入情况，又在一定程度上简化了报表的编制工作，使其更加符合收付实现核算制度的特点和酒店的实际运营需求。

综上所述，收付实现核算制度在小型酒店中具有一定的适用性，其操作简便的优势使其能够满足这类酒店对高效运营的需求。然而，其在反映营业收入真实性和资金管理安全性方面的不足，也限制了其在更大规模酒店或对财务管理要求更高的酒店中的应用。酒店在选择核算制度时，需要综合考虑自身的规模、运营特点以及财务管理目标，权衡利弊，以确定最适合自身的财务核算方式，从而更好地实现酒店的经营管理和可持续发展目标。

第四节 客房税金的核算与保本保利点测算

一、客房税金的核算

客房营业税税率 5%，附加税费按企业所在城市的标准执行。近年来，企业购买发票时，要按交还发票总额交纳营业税费，然后从当月申报的营业税费中抵扣清缴。为了便于税款清算，应设置购买发票交纳税费统计表（表 3-1）。

表 3-1 购买发票交纳税费统计表

税费别	5 日	15 日	25 日	合计
旅店业营业税				
城市维护建设税				
教育费附加				
合计				

需要注意的是，由于税务部门是按各项税费总额向企业征收，为了便于税费清算，酒店对各项税费的计提和上交，应统一在“应交税费”账户核算。“应交税费”账户不必设置明细账户，各种税费均在一个账户反映，这样便于和税务部门核对。

二、客房保本保利点测算

客房保本保利点测算应按以下步骤进行：

（一）统计酒店拥有客房间数

在客房销售费用核算中，需要明确并准确掌握酒店所拥有的客房间数，这是进行各类成本分摊、收益预测和经营分析的基本依据。由于各类酒店在房型配置上的差异性，不同类别的客房在结构、设施和定位上各不相同，其运营成本和市场售价亦存在明显差异，故在核算中若不进行标准化处理，容易导致数据失真，从而影响管理决策的科学性。

通常而言，酒店客房主要包括标准房、商务房、高级套房、豪华套房、单人间、家庭房、行政房等多个等级，不同档次的房间在客房配置、人力服务投入和单位成本上均存在差异。为了便于统一核算和横向比较，行业中常采用“折标准房数”作为统一度量单位。具体做法为：将所有非标准房型按照某种核定系数（如商务房折为 1.2 个标准房、豪华套房折为 1.5 个标准房等）统一换算为标准间等值。这种处理方式既保留了不同房型的价值差异，又避免了因房型多样化导致的计算复杂和不一致的问题。

然而，在实际应用中也存在简化处理的惯例。由于高端房型如豪华套房、总统套房等数量较少、出租率偏低，对总体运营成本的边际影响有限，因此在某些核算场景下可不进行折算，而直接并入标准间统计体系。这种处理方式虽然在理论上存在一定偏差，但其对实际核算结果的影响可忽略不计，尤其在预算初步测算、项目可行性分析或保本点核算等环节中具有较强的实用性。

需要强调的是，客房数量统计不仅要涵盖长期可用的固定房源，还应考虑部分用于临时调配的“灵活房源”，如可调为会议休息间的多功能房间、因维修暂不可用的临时封闭客房等。这些房间虽不纳入常规经营使用，但其在某些时期可能会恢复运营，因此也需纳入动态监控范围，避免在分析中遗漏。通过对客房数量的科学统计和标准化折算，酒店方能建立合理的单位成本基础，提升销售费用核算的准确性和可比性，为后续的定价策略、收益管理与资源配置提供坚实的数据支撑。

（二）确定每间客房平均销售单价

客房平均销售单价（ARR）是酒店运营分析中的核心指标之一，也是核算客房销售费用、测算盈亏平衡点、进行收益管理与价格策略制定的关键依据。由于酒店客房产品具有强烈的时间敏感性和市场弹性，其定价机制普遍采用动态调整策略，受到多重内外因素的影响。因此，在实际核算过程中，确定一个能够客观反映真实收入水平的平均销售单价，是一项既复杂又必须精细操作的工作。

在理想情况下，平均销售单价可以采用标准房的挂牌价作为计算基础。但在实际经营中，标准房价格可能因淡旺季变化、节假日浮动、特殊事件影响及客户群体差异而呈现高度不确定性。例如，旅游旺季或展会期间，房价可显著高于平日；而在淡季，则常以折扣价或捆绑套餐促销；此外，酒店还常常对大客户、协议单位、旅行社团体、VIP 贵宾卡持有者等提供优惠折让，导致不同客户的实际支付价格相去甚远。因此，单纯采用挂牌价作为平均销售价格，显然无法准确反映实际经营成果。

为提高核算的真实性与可操作性，较为合理的方法是利用历史运营数据，通过对某一时段内的客房总收入与实际出租间夜数进行除法运算，从而得出一个实际平均销售单价。其计算公式为：

$$平均销售单价 = 实际客房总收入 \div 实际出租间夜数 \qquad (3-8)$$

该方式不仅能够全面涵盖折扣、优惠、特价等价格变动因素，还可以排除空置房的干扰，从而较为真实地反映市场反应与客户支付意愿。该指标在财务核算与运营分析中被广泛使用，并成为酒店绩效评价与价格策略调整的重要参照依据。

此外，为进一步提升该指标的分析价值，酒店还可按月份、季度、节假日与常规日、客户类型等维度对平均销售单价进行细化分层，借此洞察不同客源结构对价格水平的影响，为定价优化提供数据支持。在现代化酒店管理系统的支持下，还可借助大数据技术构建价格热力图和收益预测模型，以便更精准地预测不同时间段与销售渠道的价格弹性与变动趋势。

综上所述，确定合理的客房平均销售单价不仅是核算工作的技术环节，更是酒店收益管理能力的体现。唯有通过对市场价格波动的深入理解与数据的精细化处理，才能使成本核算贴近实际运营，提升整体财务决策的科学性和灵活性。

（三）收集和整理有关费用资料

客房的各项费用，要按其内容划分为固定费用和变动费用两类：①固定费用包括工资、职工福利、工作餐费、折旧费、提取的大修理费、租赁费、电话费以及分摊的管理费用。②变动费用包括电费、燃料费、水费、修理费、洗衣费、物料消耗等。

电费和燃料费的消耗很大，从客房营运情况看，这两项费用应属半变动费用（混合成本），其中有一部分为固定属性。因为如果客房没有营业收入，这些费用还会有所发生；在营运过程中，这两项费用虽会随业务量增加而增加，但不成正比例。所以，应采用适当方法将这两项费用区分固定和变动各占多少。如果有历史资料为依据，可采用高低点法或回归直线法计算确定；没有历史资料作计算依据的情况下，只能请专业人员估算确定。通常而言，应用高低点法和回归直线法计算这两项费用的方法如下：

1. 高低点法

高低点法是指利用解析几何两点法公式，根据一定时期内的最高点和最低点业务量的相应成本关系，来推算固定费用和单位变动费用的一种成本性态分析法，其基本原理是各期的总成本或混合成本，都可以用成本性态模型 $y=a+bx$ 来表示。用两点法可以求出 a、b 两个常数，并建立相应的成本模型。

高低点法的具体分析步骤是：

第一步，选择高低两点坐标。即在一定历史期内的有关历史资料中，找出最高业务量（假设为 x_1），及对应的成本费用（假设为 y_1），从而确定高点坐标（x_1，y_1）；同理，再确定低点坐标（x_2，y_2）。

第二步，计算 b 值。即根据高低点坐标值，计算单位变动成本费用。b 的计算公式如下：

$$b=\frac{y_1-y_2}{x_1-x_2} \tag{3-9}$$

第三步，计算 a 值。即利用下列公式，计算固定成本费用：

$$a=\text{最高点成本费用}-b\times\text{最高点业务量} \tag{3-10}$$

即：

$$a=y_2-bx_2 \tag{3-11}$$

第四步，将 a、b 值代入下式，建立成本性态模型：

$$y=a+bx \tag{3-12}$$

2. 回归直线法

回归直线法又称最小二乘法和最小平方法。它是根据若干期业务量和成本的历史资料，运用最小平方法原理，计算固定成本费用和单位变动成本费用的一种成本性态分析方法。回归直线法的基本步骤如下：

第一步，根据历史资料列表，求 n，$\sum_x$、$\sum_y$、$\sum_{xy}$、$\sum_{x^2}$、$\sum_{y^2}$ 的值。

第二步，计算关系数 *r*，据此判断 *y* 与 *x* 之间是否存在必要的线性关系。即：

$$r=\frac{n\sum_{xy}-\sum_x\sum_y}{\sqrt{\left[n\sum_{x^2}-\left(\sum_x\right)^2\right]\left[n\sum_{y^2}-\left(\sum_y\right)^2\right]}} \quad (3-13)$$

当 $r=+1$ 时，说明 *x* 与 *y* 之间完全呈正相关，即 $y=a+bx$；当 $r\rightarrow+1$ 时，说明 *x* 与 *y* 之间基本相关，可近似地写成 $y\approx a+br$；当 $r=-1$ 时，说明 *x* 与 *y* 之间完全呈负相关；当 $r=0$ 时，说明 *x* 与 *y* 之间不存在任何联系，即 $y\neq a+bx$，不能运用这种计算方法。因为回归直线法要求业务量与成本之间基本保持线性关系，即 $r=+1$ 或 $r\rightarrow+1$ 皆可。

第三步，计算 *a*、*b* 值：

$$b=\frac{n\sum_{xy}-\sum_x\sum_y}{n\sum_{x^2}-\left(\sum_x\right)^2} \quad (3-14)$$

$$a=\frac{\sum_y-b\sum_x}{n} \quad (3-15)$$

第四步，建立成本性态模型：

$$y=a+bx \quad (3-16)$$

回归直线法利用了微分极值原理，因此计算结果比前面高低点法更为精确，但计算量较大。

思考与练习

1. 假设你是某酒店的运营经理，酒店近期在宾客入住与离店管理环节出现了一些效率低下的问题，例如，宾客入住登记时间过长、离店时账单核对不清导致纠纷等。请结合宾客入住与离店管理的相关流程（包括宾客登记表、房间卡片、宾客账单、房间变更通知单、离店检查等环节），提出至少三条优化策略，并说明每条策略的具体实施方法和预期效果。要求为：①优化策略需紧密结合实际管理流程，具有可操作性；②从提升宾客满意度、提高管理效率、保障酒店利益等角度阐述预期效果；③字数应不少于 200。

2. 假设你是酒店的财务经理，需要对酒店客房营业收入的核算制度进行评估。请结合应收应付核算制度和收付实现核算制度的特点，分析以下问题：

①应收应付核算制度的优点和缺点。可以从账目准确性、资金管理、操作复杂性等方面进行分析。②收付实现核算制度的优点和缺点。可以从账目准确性、资金管理、操作复杂性等方面进行分析。③酒店规模与核算制度的匹配性。说明不同规模的酒店（如小型、中型、大型酒店）更适合采用哪种核算制度，并给出理由。④改进措施。针对所选择的核算制度，提出至少两条改进措施，以提高财务管理效率和准确性。

3. 酒店的客房销售费用管理是提升盈利水平的关键环节之一。请结合客房销售费用管理的各个方面（包括固定资产的完好率保持、能源消耗压缩、布草管理、一次性用品管理等），提出至少三条优化策略，并说明每条策略的具体实施方法和预期效果。

第四章　酒店餐饮业务的会计核算

餐饮业务是酒店多元化经营的重要组成部分，其收入规模、成本构成和费用控制直接影响酒店整体盈利能力。与客房业务相比，餐饮经营更具复杂性和实时性，不仅涉及大量鲜活原材料的采购与耗用，还需要精细管理厨房加工、前厅服务、宴会接待等多个环节。因此，建立一套科学、系统、精确的会计核算体系，成为实现餐饮业务精细化管理和财务健康运行的关键。本章将重点探讨餐饮经营与收入的管理核算、餐饮原材料的管理与核算、餐饮成本的管理与核算、餐饮费用的管理和核算、餐饮保本点的测算。

第一节　餐饮经营与收入的管理核算

一、餐饮经营的常识

（一）餐厅的分类

由于酒店规模的不同，其所设餐厅的数量和类型也不尽相同。一般而言，规模较大的酒店餐厅类别较为丰富，而中小型酒店则可能仅设有一个主餐厅及若干个包厢。酒店常见的餐厅类型主要包括以下几种。

主餐厅：主餐厅亦称为正餐厅，通常为酒店内面积最大、功能最齐全的餐饮场所。该类餐厅多采用点菜单或宴席单的形式，为宾客提供桌式服务。其菜品与酒水品类较为丰富，涵盖中西菜系，服务规范，装饰风格往往能够体现酒店整体的服务水平与文化品位。

风味餐厅：风味餐厅，又称特色餐厅，虽属正餐厅范畴，但其核心特点在于所提供的菜肴具有浓郁地域风味或特定文化背景，从而区别于一般的主餐厅。风味餐厅可专注于某一菜系（如川菜、粤菜、法餐等），或以某种烹饪方式为主（如烧烤、铁板烧、火锅等），强调差异化经营和体验式消费。

宴会厅：宴会厅是酒店中专门用于承办大型聚餐活动的场所，形式多样，规模不一。大型宴会厅可容纳数十桌甚至上百桌宾客，适用于婚宴、年会、答谢宴等正式活动；而小型宴会厅则可用于亲友聚会、商务晚宴等。宴会厅亦常用于举办鸡尾酒会、冷餐会等活动，其装修通常较为豪华，服务标准也较高，是酒店展示服务综合实力的重要窗口。

咖啡厅：咖啡厅是一种面向大众的西式简餐厅，通常装饰简洁、环境轻松。常配有四人小方桌，主要经营各类经济实惠的小吃和简餐，如面包、三明治、汉堡包、馅饼、沙拉以及少量西式热菜。除提供咖啡外，通常还供应茶饮、啤酒及其他饮品。在未设独立西餐厅的酒店中，咖啡厅亦可能承担部分西餐供应功能。部分咖啡厅还设有自助餐服务，以满足不同客群的用餐需求。

KTV 餐厅：KTV 餐厅结合餐饮服务与卡拉 OK 娱乐功能，设有音响系统和点歌设备，供宾客自唱自娱。其形式可分为大型多功能厅和小型独立包厢两种。在现代酒店中，许多餐饮包厢也配备了 KTV 设施，实现用餐与娱乐的融合，适应家庭聚会、朋友聚餐等多样化的消费场景。

歌舞餐厅：歌舞餐厅一般配有舞池或表演台，按功能可分为自娱型与表演型两类。自娱型歌舞餐厅允许宾客在用餐过程中参与舞蹈或唱歌娱乐；表演型歌舞餐厅则由专业演员进行现场歌舞表演，氛围热烈，具有较强的观赏性。有些歌舞餐厅配有伸缩式舞台，适合举办时装表演等多种活动，兼具餐饮与演艺功能。

多功能餐厅：多功能餐厅是现代酒店中较为常见的一类综合性场所，面积较大，配套设施齐全。此类餐厅通常配备可移动隔断、活动舞台、投影设备等，能灵活应对多种活动需求，既可用作会议场所，又可举办宴会、冷餐会、鸡尾酒会、文艺演出、展览展示等。其高度的空间适应性与多用途功能，体现了现代酒店在空间利用与服务多样化方面的综合管理能力。

（二）餐饮服务的方式

餐饮服务方式不仅体现了餐厅的档次与格调，也与所提供菜肴的风味和文化背景密切相关。不同的服务形式代表着不同的用餐体验，合理选择服务方式对于提升顾客满意度、展现餐饮专业性具有重要意义。

1. 中餐服务方式

中餐在其悠久的发展历程中形成了独具特色的服务方式。然而，随着人们饮食观念的变化及西餐文化的影响，中餐服务方式逐渐呈现出多样化趋势，主要包括以下内容：

（1）供餐式服务

传统的供餐式服务为宾客围坐一桌，共同分享餐桌上所供应的菜肴。每人使用各自的筷子直接从共享菜盘中取食，体现家庭式、亲密感强的就餐氛围。为改善卫生条件，现代供餐式中多配备公筷、公勺以供取菜与分汤。供餐式服务流程简洁，服务员只需将菜肴端至餐桌即可完成服务，其特点是气氛活跃、自由随意，适合家庭聚会或小型宴请。

（2）分餐式服务

分餐式服务在近年来被广泛推广，旨在强调一人一份的卫生理念。其具体形式包括：①桌上分菜。通常适用于配有转盘的圆桌。上菜前，服务员按宾客人数在转盘上摆放空菜碟，菜肴上桌后由服务员将菜品分配到各碟中，再将其依次放至宾客面前，随后更换新碟，进行下一轮上菜。②桌边分菜。服务员在报菜名后，将菜品端至餐桌一侧进行分菜，按一人一份的标准将菜分装后送至每位宾客面前。③“中餐西吃”式服务。借鉴西餐操作方式进行中餐服务，如使用西餐式刀叉、分餐盘上菜、按顺序上主菜、配菜和甜品，体现中西融合的服务理念。

2. 西餐服务方式

西餐服务方式深受各国历史文化与用餐习惯影响，形式较为规范化，礼仪性强，主要包括以下类型：

（1）法式服务（Ritz 式服务）

法式服务亦称“里兹式”或“车式服务”，是西餐中最为讲究的一种服务方式。菜肴由厨房预制为成品或半成品，再由服务员推送至餐桌旁的移动烹调车（Gueridon）进行最后的加热、调味或装盘。此种服务要求服务员具备较高的专业技能和优雅的操作方式，通常适用于高档正式宴请场合。

（2）俄式服务（银器服务）

俄式服务以银托盘和银质餐具为主要工具，讲究操作规范与服务效率。菜品由厨房制作完成后盛于银托盘，由服务员从宾客左侧为其分配菜肴。上主菜时常需三人配合完成：一人分割主菜（如鱼、肉），一人添加配菜，另一人添加酱汁。该方式高雅、快速，广泛适用于正式场合。

（3）美式服务（盘式服务）

美式服务将每位宾客的菜品在厨房内分装完毕，再由服务员直接端至宾客桌前。其优势在于节省人力、提高效率，适用于快节奏、高翻台率的餐厅。由于分装已经在厨房完成，减少了餐厅内服务操作的复杂性。

（4）英式服务（家庭式服务）

英式服务与俄式服务类似，但其分菜环节由宾客自主或由主人完成。菜品由厨房盛放于大餐盘中，由服务员端至桌上后，不再由服务员分发，而是由主人按宾客意愿分菜，或宾客自行取用。这种服务方式强调家庭氛围，适用于小型聚会或家庭式餐厅。

（5）欧陆式服务（Continental Service）

欧陆式服务综合多种服务方式，灵活搭配使用。例如，前菜使用美式服务，主菜使用俄式服务，甜品使用法式服务。此种方式能够根据菜品类型与用餐节奏灵活调整，以提升整体就餐体验，是高端酒店和多道式西餐常用的服务方案。

3. 其他服务方式

除了中餐与西餐的典型服务方式，还有其他国家和地区独具特色的餐饮服务方式：①日式服务。日式服务强调精致与仪式感，服务员通常穿着和服，按顺序为宾客奉上前菜、刺身、热菜等，强调季节性和摆盘美感。部分高级日式餐厅提供“怀石料理”式服务，流程极为严谨。②韩式服务。韩式服务多以自助式配菜为主，餐桌上预设多种小菜，主菜上桌后由宾客自由搭配食用。烤肉类菜品通常由服务员或宾客亲自操作，具有参与感与互动性。③东南亚风格服务。东南亚风格服务如泰式、越式等，多采用香料丰富的汤羹和拌菜，服务中注重个体体验，如将汤品现场倒入盅中、手工摆盘等。

（三）餐饮酒吧的经营管理

酒吧是酒水消费和供应的主要场所，也是宾客娱乐消遣、社交会友较集中的地方。酒吧服务是酒店服务的一个重要组成部分。

1. 酒吧分类

全世界的酒吧种类繁多，根据其功能大体可分为：①立式酒吧。立式酒吧是一种传统的酒吧。一般来说，如今的立式酒吧已经很少有人站着饮酒了，故有的这类酒吧在柜台前摆放一些能升降的转椅，这类酒吧面积较小，服务员身兼数职，调酒、服务、结算、收款均由一人完成。②鸡尾酒廊。鸡尾酒廊又称大堂酒吧。它通常位于酒店大堂附近，一般设有墙壁将它与大堂隔开。鸡尾酒廊比立式酒吧宽敞豪华和气派，常有乐队或钢琴演奏。酒廊的服务人员较多，分工明确，调酒、服务、结账、收款均由专人担任。③宴会酒吧。宴会酒吧是酒店为宴会、酒会专门设立的酒吧设施。它的吧台有些是活动结构，能随时拆卸移动；有些是固定结构。④服务酒吧。服务酒吧是一种常见的酒吧。几乎在所有的餐馆、酒店餐厅、歌舞厅、夜总会均有这种酒吧。大多数服务酒吧与收银台设在一起。吧生只按宾客的点酒单发放酒水食品，另由收银员结账收款。

2. 酒吧的设施

酒吧的设施配置是保证其正常运营、优化服务流程和提升顾客体验的基础。科学合理的空间布局有助于提高工作效率、增强操作安全性和服务专业性。一般而言，酒吧的设施布局主要分为前吧与后吧两部分。

前吧即顾客面向的酒吧工作区域，通常既是操作台也是展示台。它包括台面和台下的工作操作空间。台面一般用以展示饮品、进行调酒操作，也是顾客观赏调酒技艺、进行互动的区域。台下操作空间则设置有多种功能性设施，包括：①洗涤槽，通常设有初洗、刷洗和消毒功能区，用于快速清洁玻璃器具；②自动洗杯机，用于提高洗杯效率，保障卫生标准；③冷水池、贮冰槽，用于清洗及冷却饮品；④酒瓶架、杯架，便于存放各类酒水与酒具，保证操作流畅性；⑤饮料机与二氧化碳充气设备，常用于供应苏打水、可乐等碳酸饮料。

后吧是酒吧的储物与辅助操作区域，位于前吧之后，为调酒员提供原材料储备及后勤支持。前吧与后吧之间是调酒员的操作空间及流通通道，尤其在高峰服务时段，如宴会或大型活动场合，该通道应保持足够宽敞，以确保人员行动顺畅，避免拥堵和安全隐患。后吧区域通常配有：①橱柜与冷藏设备，用于存放各类酒水、鲜果、调味料及配料；②上层橱柜，主要用于展示酒具及各类瓶装酒；③下层设置有封闭式橱柜及冷藏柜，冷藏柜用于存放需低温保存的白葡萄酒、啤酒、水果、果汁、奶制品和其他易腐原料；④制冰机，确保持续供应冰块，以满足不同饮品对冰量的需求。

合理的设施布局不仅有助于提高调酒效率，还能优化顾客的视觉体验与互动感，是现代酒吧功能性与艺术性相结合的重要体现。

3. 酒吧服务的要求

酒吧服务是餐饮行业中极具特色的一环，兼具艺术性与专业性。其服务要求在程序与标准上具有高度规范化与个性化的双重特征。优质的服务不仅能增强顾客的满意度与忠诚度，也是酒吧形象与品牌价值的重要组成部分。

（1）环境要求

酒吧的整体环境应突出幽雅、清洁与舒适三大原则。布局设计需体现协调性与美观性，营造轻松、愉悦的氛围。在细分场景中，不同类型的酒吧对环境有更高要求：①立式酒吧，应强调风格鲜明和视觉冲击力，适合动感、快节奏的社交场所。②鸡尾酒廊，更注重空间格调与气质营造，追求高端、私密与豪华的感官体验，宜配备舒适座椅、柔和灯光与高品质音响系统。

（2）酒水与小吃配置

品类丰富是酒吧竞争力的重要体现。标准化配置要求如下：①烈性酒，种类应不少于 10 ～ 15 种，且需涵盖国际知名品牌与部分优质国产酒；②软饮料，应保证 8 种以上，种类涵盖碳酸饮料、果汁、矿泉水等，以确保满足不同顾客需求；③鸡尾酒，应配备不少于 15 种，其中应包括多款国际经典鸡尾酒，如“马提尼”“长岛冰茶”“莫吉托”等；④小吃，品种不少于 5 种，宜包括冷热结合、甜咸搭配的多样化选择，以提升顾客满意度和停留时间。此外，所有酒水须来源正规、质量合格，严禁销售假冒伪劣产品。

（3）接待与服务效率

酒吧服务人员应具备良好的职业素养与服务礼仪：①顾客到店应在第一时间热情迎接，做到微笑服务、语言亲切；②须在 15 秒内引导宾客入座，展现服务的专业性与效率；③顾客下单后，2 分钟内将饮品送至桌前，高峰时段不得超过 5 分钟；④所有饮品及小吃必须使用托盘上桌，斟酒时瓶身商标朝向宾客，确保品牌展示与服务尊重。

二、餐饮营业收入的管理和核算

（一）餐饮营业收入的管理

餐饮营业活动具有供餐时间短暂、结账高峰集中等特征，因此对收银员的业务水平和应变能力提出了较高要求。具体而言，收银员必须具备熟练的操作技能、清晰的思维反应以及快速而准确的结算能力，否则极易发生收款差错。此外，还应借助科学有效的工作方法加以辅助管理。例如，为缩短宾客用餐后的结算时间、避免高峰时段的操作混乱，服务员应在宾客落座并完成点菜后，立即将所点菜品按价格录入餐饮账单，同时具备熟悉并背诵常见菜品价格的能力，以减少查价所需时间。对于用餐过程中的加菜或退菜行为，也应及时记录，确保在最终结账前完成账单的全面核实与更新。

餐饮结算流程若手续不完善、制度不健全，极易诱发以下几个问题：①跑单。故意丢失账单，私吞全部收入。②跑数。故意在账单中漏列部分菜品项目，以侵吞差价。③跑餐。对亲友熟人故意不开发票或账单，致使收入流失。③跑物。吧台实物未经登记擅自流出。⑤涂改折扣率。人为更改账单折扣以非法获取差价。因此，企业有必要从制度层面出发，建立健全各类餐单的填制、流转和监督管理机制。所有账单一律不得随意涂改，并应严格依据制度执行，以杜绝管理漏洞。

1. 建立科学合理的餐单管理流程

常见的餐单类型主要包括以下几种：

（1）宴席菜单

用于承接各种宴请、酒席类业务，由餐厅工作人员依据与宾客商定的菜品内容、桌数、用餐时间及价格等信息填写。一式四联：一联交由宾客留存；一联交由收银员用于结算；一联交由厨房安排菜肴；一联交由传菜人员传菜使用。

（2）点菜单

适用于散客点菜情况，通常为三联式：一联交由收银员用于结算；一联交厨房准备菜品；一联交由传菜人员传菜使用，其格式可根据厨房、面点房、冷菜房等布局设置而有所调整。对于海鲜类菜品，建议在制作前向宾客展示，并依实际称重结果计价。点菜单多由值台服务员协助填写。值得强调的是，点菜环节也是餐厅推介菜品、提升销售的关键环节，因此服务员应熟悉各类菜肴与酒水的特色，积极引导顾客选择高附加值菜品与名酒，增强企业收益能力。

（3）分菜单

用于面点、冷菜等由非厨房单元独立提供的菜品分单操作。其依据点菜单内容拆分填写，一式两联：一联交由相关供应部门（如面点房、冷菜房）；

一联交由传菜人员。分菜单不作为结算凭证，因此无须交由收银员处理。

（4）加菜单

宾客在用餐过程中增加菜品时，值台服务员需填写加菜单，一式三联：一联交厨房供菜；一联交收银员补记账单；一联交传菜人员传菜。应及时纳入账务系统，确保账物相符。

（5）酒水单

酒水单是吧台出货及登记实物流转的重要凭证。即便点菜单中已包含酒水信息，仍需单独填写酒水单。其为三联式：一联交吧台出货；一联交收银员登记账单；一联交服务员送酒水。酒水单应使用大写数字填写，严禁涂改。

（6）餐费账单

由收银员依据宴席菜单、点菜单、加菜单和酒水单等汇总编制，用于宾客结算。其内容应与点菜单保持一致，并设“实收”栏，用于标注宾客最终应付款项。在合计金额基础上，根据宾客所持贵宾卡或与签约单位的合同规定给予相应折扣，并在备注栏注明具体折扣率，再由餐厅主管签字确认。餐费账单一式两联：一联收款后交由宾客；一联附于营业日报表报财务部门。如为挂账消费，须由宾客签字确认并附日报表上交财务部门。

账单应实行连续编号管理，空白账单需登记起讫编号及签收人，使用时严格按号顺序，不得随意跳号或丢弃作废账单，注销单据应妥善保存以备查核。

（7）早餐卡

早餐不适用点菜单、酒水单或餐费账单，而采用纸质早餐卡登记消费。每张卡对应一桌，由值台服务员根据消费情况勾卡记录。宾客餐毕后凭卡结账。早餐食品由面点房供应，送餐数量应与餐厅每日售出量核对一致。收银员据卡片记录编入营业日报表的“早餐”项目中。

目前，部分酒店推行“免费早餐券”以促进客房销售，每位宾客每日可凭券享受一定额度的免费早餐。餐厅回收早餐券后视同现金收入计入当日营收，并随日报表交财务部门。如消费金额不足券额，不予找零；如超出券额，则需按差额补收现金。对于未使用的早餐券，须现场销毁，以防产生账务漏洞。收银员应监督值台服务员在早餐卡上标注实际消费与回收券额，确保数据真实准确。

2. 加强餐单流程监控

餐饮业务涉及的宴席菜单、点菜单、酒水单及餐费账单均为供物与结算的原始凭证，必须相互核对，严禁混乱使用。分菜单虽不参与财务结算，但作为实物供应的重要依据，也应保持与点菜单一致。

每日营业结束后，厨房负责人或指定人员应收集并核对分菜单与点菜单的一致性，并统一交稽核员审核。稽核员应核对收集到的所有原始单据与营业日报表是否一致，吧台销售日报表的酒水总收入亦须与餐饮日报表中酒水收入一致。

3. 加强吧台管理与监控

吧台为宾客提供酒水、香烟、小食品、纸巾等服务，通常只交付实物不收现金，统一由收银员结算。若管理制度不健全，容易造成实物流失。因此，酒店对吧台酒水员的要求包括：①熟悉商品品类、品牌、规格、进销成本及售价；②具备良好的账务处理与报表编制能力；③廉洁自律、诚实守信；④热爱本职、服务热情。

吧台应建立实物账册，及时登记商品收支。因部分商品由供货商“售后结款”，故账册中应标明供货商信息，并由酒水员在销售完毕后签注确认。

酒水员应每日编制《商品销售日报表》，一式两联：一联自存；一联交收银员附于营业日报表上交财务。月底还需汇总生成《商品销售月报表》，并会同财务人员进行实物盘点，编制《商品进销存及盘点升耗月报表》。

4. 健全稽核制度

稽核人员在审核餐厅营业日报表时，须重点审查以下内容：①各类商品销售价格是否准确；②点菜单、加菜单、酒水单与餐费账单是否能一一对应；③折扣政策执行是否符合酒店相关规定；④当天收现与挂账收入是否与日报表总额一致。

（二）餐饮营业收入的管理核算

在现代酒店财务管理体系中，餐饮营业收入的核算管理占据着举足轻重的地位。其不仅关系到餐饮部门经营成果的真实反映，更是酒店整体经济运行状况的重要财务指标之一。为确保餐饮收入的核算科学、规范、准确，必须从日常营收记录的源头把控各个关键环节，建立起严谨的内部控制机制和工作流程。

在每日营业结束后，餐厅收银员应依据当天实际完成结算的全部餐费账单，逐笔核对、分类统计，并按规定格式编制《餐饮营业日报表》，该日报表需包括各类消费项目的明细、支付方式的构成（如现金、银行卡、移动支付、挂账等）及合计金额等内容。完成日报表后，须由相关管理人员或内部稽核人员进行审核复核，确保账实相符、无差错、无遗漏。核对无误后，连同当日所有涉及挂账的顾客签单账单原件一并整理齐备，按时移交至财务部门，由其统一归档并作为会计凭证使用。

对于住店宾客在餐厅消费但选择挂账至客房的情形，需特别加强过程控制与账务衔接。具体操作流程为：餐厅收银员在宾客消费结束后，应立即填写《宾客消费挂账通知单》，在单据中准确记录宾客姓名、房号、用餐时间、消费金额及主要消费内容等信息，并由宾客本人签字确认。签字后的挂账通知单应第一时间送交至客房前台，由前台负责在宾客账务系统中录入相关消费数据，以实现餐饮与客房部门账务记录的同步更新，以确保数据完整性和实时性。

在此基础上，财务部门可依据餐厅每日提交的《餐饮营业日报表》，对其中反映的挂账项目进行分类汇总。对属于客房住客挂账的部分，财务人员应按日报表所列住客挂账总金额（不分具体宾客姓名）归集入账，并统一计入“其他应收款——客房寓客”科目项下，作为内部往来账务的一部分加以管理。该处理方式有助于在会计核算层面清晰划分各类收入来源及应收款项归属，为后续的账务清查、客户结账及财务审计等工作提供可靠依据。

此外，为保障整个核算流程的高效运转与内部控制的有效实施，还应建立包括岗位职责划分、单据传递路径、复核审批机制在内的标准化操作规范，并通过信息化手段推动数据同步与部门协同。例如，可通过餐饮管理系统与客房管理系统的数据接口实现挂账信息的自动传输与核对，减少人为操作失误的可能，提高工作效率与准确性。

综上所述，餐饮营业收入的管理核算工作，应以制度化、流程化和信息化为导向，构建覆盖消费记录、票据传递、账务处理与内部对账的全链条管理机制，从而提升酒店整体财务管控水平，增强经济效益与经营透明度。

第二节　餐饮原材料的管理与核算

一、餐饮原材料的管理

作为餐饮业务的起始环节，原材料采购的管理效率与成本控制及企业利润紧密相关。恰当的采购策略能够保障食材的新鲜度和品质，同时有效降低浪费、减少成本①。餐饮企业的经营成败在很大程度上取决于原材料管理的科学性与规范性。原材料不仅是构成餐饮产品的基础，其采购、验收、质量及数量控制等环节也直接影响企业的成本控制与服务质量。以下从三个方面阐述餐饮原材料的系统化管理方法。

（一）原材料的分类与采购管理

为实现精细化管理，餐饮原材料应依据其属性与用途进行合理分类，常见的分类方式如下：①粮食类，包括籼米、粳米、糯米、小米、黑米、玉米粉、绿豆、黄豆、面粉等基本主食类原材料；②鲜活类，涵盖猪肉、牛肉、羊肉、鸡、鸭、兔、蛋类、各类海鲜（水产）、野味及新鲜的蔬菜和水果等，其具有易腐性和时效性；③干货类，包括木耳、香菇、黄花菜、干鱼翅、干海参、干贝、干虾片、海带、鱼肚、干肉皮、腊肉、火腿、板鸭、香肠等，适合长期储存，但对保存条件有一定要求；④调味类，如油、盐、酱、醋、香料、生粉、味精、蚝油、豆豉、胡椒、花椒、白糖、冰糖、食粉、海粉、干酵母、干辣椒、辣椒粉等，是决定菜品风味的关键材料。

在采购环节，餐饮企业应结合每日订餐数量及预计的餐饮制品销售情况，由主厨联合仓库保管员共同编制次日的《原材料采购申请单》。该申请单需详细列明所需原材料的名称、规格、数量等内容，经业务主管审核批准后交由采购员实施采购，或转交给合作供应商按时送货。通过这一机制，可实现

---

① 谢彩虹．餐饮公司原材料采购管理对成本控制的影响［J］．财富时代，2024（9）：73.

餐饮生产需求与采购行为的精准对接，减少浪费与断料风险。

（二）原材料购入的验收及入库管理制度

原材料采购到货后，应严格执行验收与入库流程，确保账、物、款三者一致。其中，粮食类、干货类和调味类原材料应统一由仓库负责组织验收。验收工作包括品类核对、数量核实和质量检验。验收合格后应填写《入库单》，该单据通常一式三联：一联交由仓库保管员留存，用于登记库存台账；一联交由财务部门，作为会计入账凭证；一联交由收货人，作为付款结算依据。

在采购过程中所发生的运输费用、挑选整理费用以及委托外部单位进行初加工的费用，均应计入原材料采购成本中，不得遗漏。这一点对于核算餐饮产品的真实成本至关重要。需要注意的是，餐饮制品的成本构成主要源自原材料消耗，人工与加工费用相对较低，因此原材料的进价和质量对营业成本的控制影响极大。故而采购环节必须强化对供货价格的审核与原材料质量的验收，杜绝因商业贿赂或不当合作而造成“质次价高”的不良后果。

（三）原材料质量和数量控制

1. 原材料的质量控制

为保障餐饮出品质量的稳定性，需制定科学、明确的原材料质量标准。质量评判应涵盖以下几个维度：①原产地（产地的气候、土壤等会影响口感与安全性）；②等级（如一级猪肉与三级猪肉的脂肪含量差异）；③质地与体积（如鱼肉的纹理、鸡蛋大小）；④色泽（如蔬菜的新鲜绿色、果品的成熟色彩）；⑤新鲜程度（如是否存在变质、脱水、异味等）。

在质量评语方面应尽量使用具体、可度量的术语，如“完全新鲜”“八成新鲜”“色泽明亮”“肉质紧实”等，避免使用“较好”“一般”等主观性强、表述模糊的词汇。同时，选择供应单位和产地是原材料质量控制的关键。对于大宗及长期合作的供应商，餐饮企业应进行全面考察，包括其生产设施、质量管理体系、信用等级、物流能力及价格水平。采购主要原材料时应坚持“货比三家”原则，择优选择，确保既保证质量要求又具价格优势。为防止优质原材料因储存不当而变质，企业还应遵循“勤进快销”的储存原则，做到快速周转，尽量减少库存周期。

2. 原材料的数量控制

采购数量的合理控制既有利于降低库存成本，也有助于维持原材料的新鲜度。采购量过大容易造成以下几个问题：①仓库储存空间紧张；②资金占用增加，降低资金周转效率；③长期存放易导致原材料品质下降，甚至变质；④损耗率提升，增加运营成本。反之，若采购量不足，将造成生产原料短缺，影响正常营业。因此，企业需依据科学方法制定库存控制标准，常见的控制方式包括设置最低库存量与最高库存量：

最低库存量 = 订货到入库期间的使用量 + 安全系数库存量

最高库存量 = 采购周期内的使用量 + 安全系数库存量

通过这两个指标的动态控制，企业可以在保障生产连续性的同时，最大限度降低原材料的储存和损耗风险。

二、餐饮原材料的核算

（一）原材料采购的核算

餐饮原材料的采购可分为采购员采购和供货商送货两种方式。无论采用哪种方式，均应通过“应付账款”账户进行核算。对于采购员而言，其所借备用金实行“定额备用金”制度，即备用金不直接冲抵采购款，而是作为采购的循环使用资金。每次报销采购账款时，根据实际金额支付现金，维持备用金额度不变。

采用供货商送货的方式具有两方面优势：一是物资种类繁多，供货商直接送货可减少采购压力；二是一般可实行赊账采购，资金结算周期较长（通常一个月以上），有利于缓解资金占用，尤其适用于酒水、小食品等商品，其货款通常在售出后再行支付。

（二）自制原材料的核算

部分酒店为降低采购成本，会利用淡季或闲时加工香肠、腊肉、泡菜等自制原材料。此类原材料在核算时，仅计入实际耗用的原料与辅料成本，不计人工与燃料费用。在账务处理上，应在“原材料”账户下设“加工中材料”明细账户。加工完成后，由仓库按实物验收入库，并根据经办人填制的《自制原材料成本计算单》，据以确定入库价值。

第三节　餐饮成本的管理与核算

一、餐饮成本的管理

现代酒店财务管理的核心在于成本控制，成本控制目标的建立与实现是提升经济效益，增强酒店核心竞争力的根本[①]。在酒店成本控制中，餐饮成本的管理是非常重要的。餐饮制品的直接成本主要由原材料消耗构成，因此，成本管理的关键在于把控原材料的选洗、切配与烹调三个环节。餐饮制品的主料包括肉类、家禽、鱼类、海鲜、野味和蔬菜等；配料包括鸡蛋、面粉等；调料则涵盖酱油、陈醋、味精、食盐、辣椒粉、香料、食用油等。

（一）主料的选洗与切配

主料大多为鲜活食材，购入时为毛料，需经挑选、清洗、切配后转化为可用于烹饪的净料。净料的单位成本需通过毛料的处理过程核算得出。因为每道菜肴的成本都包括净主料、配料与调料三部分。通常而言，毛料拆卸成净料通常采用两种方法：①一料一当，指原料加工后仅用于一种餐饮制品，计算方法是包括拆卸毛料，分出净料、下脚料和废料；分别测定下脚料与废料的重量、单价和总值；称量得到的净料重量；计算净料单位成本。当原料性质稳定时，可采用净料率法（又称拆卸率法）简化核算工作。净料率受原料规格、产地、季节、处理技术等多种因素影响，应根据实际情况动态调整。②一料多当，指原料加工后可分为多个半成品，分别用于不同菜品。需根据各部分的质量和用途分配其成本，总成本应等于原料进价总额，通常质量较好的半成品分摊的成本相对较高。

（二）调料用量的估算

调料虽非主材，但其成本在某些菜品中占比较高。例如，“麻辣豆腐”

① 张岚．论成本控制目标下的现代酒店财务管理策略［J］．投资与创业，2025（1）：97.

中调料占比可达 89%；“奶油菜心”中调料成本占比亦超过八成。因此，调料成本是餐饮成本核算中不可忽视的重要部分。由于厨师的操作习惯及菜肴风味差异，调料用量难以完全标准化，通常采用估算方法核定其标准成本。常用方法如下：①容量估算法，按容器容量估算液体调料使用量；②体积估量法，按粉状调料体积估算重量；③规格比照法，参考相似菜品的调料使用经验，推定新菜品调料耗用量。

二、餐饮成本的核算

第一，餐饮成本核算内容。餐饮制品的成本仅指实际烹饪过程中的食品原材料消耗价值，其他环节如生产、销售与服务过程中发生的费用，应归入销售费用，不计入主营业务成本。餐饮成本通常按月进行核算与结转。成本核算对象应根据酒店的经营规模与管理需求灵活设定。可按餐饮服务场所（如中餐厅、西餐厅、咖啡厅、茶室）或按菜品种类（如菜肴、海鲜、面点、酒水）进行分类核算。对于原材料的计价，鲜活原料应按市场当期进价入账；干货和调料因价格相对稳定，也可按实际进价入账；对于价格波动较大的少数原料，可采用加权平均法计价，以反映真实成本水平。

第二，餐饮成本核算方法。在每月末，厨房应对剩余原材料进行全面盘点，并编制《厨房原材料盘点表》，报送财务部门，据以计算本月的实际耗用成本，从而得出餐饮成本总额。餐饮成本的计算方法是倒轧，其公式为：

$$\text{本月餐饮实际成本}=\text{上月末原材料盘存金额}+\text{本月购进和领用金额}-\text{本月末原材料盘存金额} \quad (4-1)$$

第三，员工餐供应的成本核算。在未设员工食堂的酒店中，员工工作餐通常由厨房供应。该部分原材料消耗应合理分摊至各用餐部门，作为工作餐费用处理。

核算方式可采用以下两种方法：①实耗法。厨房每日记录员工餐所耗用的原材料，月末汇总清单（包括肉类、蔬菜、米面、调料等），再由财务部门根据各部门用餐人数进行费用分摊，并冲减餐饮原材料消耗。②估算法。若无法准确记录原材料消耗量，可按每人日均餐费估算，并依据各部门实际就餐人数进行分摊。

第四节 餐饮费用的管理和核算

一、餐饮费用的管理

餐饮利润的计算公式是：

营业收入 − 原料成本 − 销售费用 − 税金 = 餐饮利润 （4−2）

从以上公式可以看到：餐饮毛利额（营业收入 − 营业成本）实现后，税金是按税率不变的，唯一的变数是销售费用；换言之，销售费用的高低直接影响餐饮的利润水平，所以，加强餐饮各项费用的管理非常重要。

餐饮费用管理是酒店成本控制体系中的关键环节。由于餐饮部门普遍具有人力资源投入大、能源消耗多、一次性物资使用频繁等特点，稍有疏忽便可能造成大量浪费，影响企业整体盈利能力。因此，必须从多个方面入手，建立科学、严谨的费用控制机制。

（一）工资支出的管理

餐饮部门通常为劳动密集型单位，员工人数多、流动性大，工资支出在各类成本中所占比例较高。因此，应重点抓好以下几个方面：①取消包厨制，优化用工结构。应杜绝传统的包厨模式，改由少数高技能主厨负责烹饪工作，切配、打杂等辅助岗位则依据营业高峰与淡季情况灵活安排人员编制，以提高用工效率，减少闲置劳动力。②精简管理层，优化人员配置。在岗位设置方面，应控制主管和领班等中层管理人员的数量，避免管理层冗余。同时，需注重招聘高素质的点菜员，以提高服务效率与顾客满意度。③合理定员与临时支援机制。服务员与传菜员的配置应根据日常营业的平均需求定岗，而对大型宴席等非常规高峰业务，应建立“临时突击队”机制，不搞“养兵千日，用在一时”的冗员模式。临时支援人员应实施有偿激励机制，按每次服务给予适当报酬，以调动积极性并保证支援质量和稳定性。

（二）电费耗用的管理

电力是餐饮部门运营中一项不可忽视的成本，尤其是在空调、照明、冷藏设备等环节。应从以下几个方面加强管理：①包厢和营业厅的空调、照明设施应根据实际营业需求严格控制启用时间，避免全天候持续运行造成资源浪费。②厨房冷藏设备，如冰柜，应尽量减少过量存货。对贵重的鲜活原料实行“量少勤进”策略，避免为追求采购便利而牺牲电能利用效率，形成高电费负担。

（三）燃料的控制

餐饮灶具中常使用的柴油灶，能耗高、成本大，是能源费用的重要组成部分，管理中应尤为注意：①柴油灶的使用应限定在高峰或大批量制作时间段。像早餐时仅需炒米粉或煮汤面等小批量操作，应使用液化气灶具或其他低能耗设备完成，避免“小菜用大火”，造成能源浪费。②建立燃料消耗台账，按餐别、菜品类型细化用量记录，以便追踪分析和节能改进。

（四）餐具的管理

餐具作为固定资产的重要组成部分，破损率高将直接增加替换支出：①应加强员工对餐具的正确使用与清洗的培训，杜绝“野蛮洗涤”等粗暴操作。②制定合理的破损标准，并实行奖惩并举机制，对节约者给予奖励，对超额破损者实施罚款，促使员工增强责任意识和节约意识。

二、餐饮费用的核算

餐饮各项费用，如工资、物料消耗、水费折旧费、修理费等，均与客房核算方法基本相同，在“销售费用”账户各明细项目内归集和核算。厨房如采取包厨，包厨费也在工资项目反映，应由包厨的厨师长，按月编制厨房员工的工资表，包厨者和部分高工资厨师，个人月收入超过所得税起征点的，应代扣代缴税款。包厨工资不计提 14% 的职工福利费。另外，燃料中的柴油，月末对存量应进行盘点，从费用中转出，下月初再转入费用。

第五节　餐饮保本点的测算

餐饮保本点的测算方法与客房不同。测算月度保本点必须取得以下数据：①要达到的目标毛利率；②月度餐饮部门的销售费用（不必分固定和变动）；③月度分配的管理费用；④营业税税率。

编制餐饮保本点测算表（表 4-1），假设该表费用 165800 元，包括月度餐饮部门的销售费用和分配的管理费用，营业税税率 5%，毛利率假设为内扣毛利率 50%。

表 4-1　餐饮保本点测算表

单位：元

营业收入	营业成本	毛利额	毛利率（%）	销售费用	营业税金（5%）	营业利润	利润率（%）
410000	205000	205000	50	165800	20500	18700	4.57
400000	200000	200000	50	165800	20500	14200	3.55
390000	195000	195000	50	165800	19500	9700	4.29
380000	190000	190000	50	165800	19000	5200	1.37
368444	184222	184222	50	165800	18422	0	0
350000	175000	175000	50	165800	17500	−8300	−2.37
340000	170000	170000	50	165800	17000	−12800	−3.76
330000	165000	165000	50	165800	16500	−17300	−5.24
320000	160000	160000	50	165800	16000	−21800	−6.81

保本销售收入可用以下公式求得：

$$销售收入 \times 毛利率 = 毛利额 \tag{4-3}$$

$$毛利额 = 税金 + 费用 \tag{4-4}$$

设：保本销售额为 x；毛利率为 c；毛利额为 cx；税率为 k；税金为 kx；费用为 y。代入以上保本公式得：

$$cx=kx+y \tag{4-5}$$

整理后得：

$$x = \frac{y}{c - k} \tag{4-6}$$

将以上例题数据代入保本公式得：

$$50\%x = 5\%x + 165800 \tag{4-7}$$

$$x = \frac{165800}{50\% - 5\%} = 368444 \tag{4-8}$$

即：保本销售收入为 368444 元。

思考与练习

1. 在餐饮业务中，原材料管理是成本控制和质量保障的核心环节。请结合您提供的内容，分析以下两个方面：①原材料管理的关键控制点。从原材料的分类、采购、验收、质量控制和数量控制等方面，选择其中一个环节，详细说明其关键控制点及其重要性。②原材料核算的优化方法。结合原材料采购和自制原材料的核算方法，提出一种优化核算流程的方法，并说明其预期效果。

2. 如何根据原材料的性质和加工方式，准确核算餐饮成本中的主料和调料成本，并采用合适的成本核算方法，确保餐饮成本核算的准确性和合理性？

3. 在餐饮经营与收入的管理核算中，餐厅的多样化类型（如主餐厅、风味餐厅、咖啡厅等）以及不同的服务方式（如中餐的供餐式与分餐式、西餐的多种服务形式）对经营策略和成本控制提出了不同要求。同时，酒吧的经营管理（包括分类、设施布局和服务要求）以及餐饮营业收入的管理核算（如餐单管理、结算流程、稽核制度等）都直接影响到酒店的整体经济效益和顾客满意度。如何综合考虑这些因素，制定一套科学合理的管理体系，以提高餐饮业务的整体运营效率和经济效益，同时确保顾客体验的优化和收入核算的准确性？

第五章 酒店商场购销业务的会计核算

随着旅游市场蓬勃发展，消费者对酒店的配套购物需求与日俱增，酒店商场不仅要满足住客日常所需，还成为提升酒店综合竞争力与盈利能力的关键环节。酒店商场购销业务的会计核算的准确性与规范性直接关系到酒店财务状况的真实反映及经营决策的科学性。本章聚焦酒店商品购进业务的会计核算，深入探讨购进、销售及其他业务核算要点，旨在为酒店财务人员提供专业指导，保障酒店商场财务信息质量，助力酒店实现精细化财务管理与可持续发展。

第一节 酒店商品购进业务的会计核算

在酒店的日常运营中，商品购进业务直接关系到酒店能否为顾客提供丰富多样的商品，并满足其消费需求。酒店商品购进业务的会计核算是准确记录和反映这一业务活动经济实质的关键手段，它与原材料的会计核算存在诸多相似之处，但又因商品本身的特性以及酒店行业的运营模式而具有独特之处。

一、“库存商品”科目核算原理

酒店商品购进的会计核算，通常借助“库存商品”这一会计科目来完成。“库存商品”属于资产类账户，其核心作用在于核算企业全部自有的库存商品情况。这一账户如同一个精准的“账本”，详细记录着酒店库存商品的增减变动。当酒店从供应商处购进商品，或者因各种原因发生商品盘盈时，意味着酒店的库存商品数量增加，此时应将相关金额记入“库存商品”账户的借方。这就好比是给“库存商品”这个“账本”增添了新的记录，表明酒店的资产储备有所增加。相反，当酒店将商品销售给顾客，或者出现商品盘亏的情况时，库存商品数量会减少，相关金额则计入“库存商品”账户的贷方，如同从“账本”中划去相应的记录，反映出酒店资产的减少。账户的余额通常在借方，它代表着酒店库存商品的结存数额，是酒店管理者了解库存状况、合理安排采购和销售计划的重要依据。若酒店从异地购进商品，则不可避免地会产生运输费。这些运输费是为了将商品从供应商处运输到酒店而发生的必要支出，按照会计核算的原则，应将其列入“营业费用”账户。因为运输费属于酒店为了开展正常的经营活动而发生的费用，与商品的购进成本直接相关，但又不属于商品本身的成本构成部分，所以单独在“营业费用”中进行核算，以便更清晰地反映酒店的经营成本结构。

二、商品购进的具体账务处理流程

商场的库存商品一般是向生产企业或者批发公司购进[①]，这一采购过程涉及多个环节的协同工作，其中仓库部门和财会部门的配合尤为关键。当供应商将酒店采购的商品送达时，仓库部门首先会对购进的商品进行严格的验收入库。这一环节至关重要，它不仅确保了商品的数量、质量符合采购要求，还为后续的会计核算提供了准确的基础数据。仓库工作人员会仔细核对商品的品种、规格、数量等信息，并与采购订单进行比对，确认无误后办理入库手续。其次，财会部门会收到供应商开具的购货专用发票。财会人员会对这张发票进行认真审核，检查发票的真实性、合法性以及各项信息的准确性。审核无误后，财会人员将根据专用发票列明的货款金额，借记“库存商品”账户。这一操作意味着酒店的库存商品资产增加，反映了商品购进这一经济业务的实质。根据发票上列明的增值税税额，财会人员会借记“应交税费”账户。增值税是酒店采购商品过程中需要承担的一项重要税费，将其借记“应交税费”账户，准确地反映了酒店应缴纳的增值税负债情况。最后，根据发

① 周龙腾．酒店会计全流程演练［M］．北京：中国宇航出版社，2012：93.

票上注明的价税合计金额，财会人员会贷记“银行存款”或“应付票据”账户。如果酒店在购进商品时已经支付了货款，那么就贷记“银行存款”账户，表示酒店的银行存款减少；如果酒店采用商业汇票等应付票据的方式进行结算，那么就贷记“应付票据”账户，表明酒店增加了一项债务。通过这样一套完整、规范的会计核算流程，酒店能够准确记录商品购进业务的经济实质，为酒店的财务管理和决策提供可靠的数据支持。同时，也有助于酒店加强成本控制，优化库存管理，提高经济效益和市场竞争力。

例如，酒店附属旅游用品商店从工艺美术品厂购入景泰蓝花瓶 350 只，增值税专用发票上列明每只花瓶单价 100 元，计货款 35000 元，增值税税额 5950 元，该宾馆当即签发转账支票支付。商品已验收入库，应该进行以下的会计处理：

借：库存商品——景泰蓝花瓶	35000	
应交税费——应交增值税（进项税额）	5950	
贷：银行存款		40950

第二节　酒店商品销售的会计核算

在酒店的经营活动中，商品销售业务是其重要的收入来源之一，而与之紧密相关的会计核算工作，则是准确反映酒店经营成果、合理评估财务状况的关键环节。

一、主营业务收入与成本的核算基础

酒店对商品销售业务的会计核算，主要依托“主营业务收入”和“主营业务成本”这两个核心账户。“主营业务收入”账户如同酒店商品销售业绩的“成绩单”，它清晰地记录着每一笔商品销售所实现的金额。无论是日常客房内售卖的零食、饮料，还是酒店商场内销售的各类特色商品，每一笔销售款项都会按照实际金额登记到这个账户中，直观地展示出酒店商品销售业务的规模和收入水平。而“主营业务成本”账户是与“主营业务收入”相对应的“成本账本”，它反映的是已销商品的进价成本。当酒店从供应商处购进商品时，会按照商品的进价记录相关成本，在商品销售出去后，这部分成本就需要从库存商品中结转到“主营业务成本”账户，以此准确核算销售商品所消耗的成本。

二、售价金额核算下的特殊处理

在实行售价金额核算的情况下，会计核算的方式会有所不同。此时，“库存商品”账户是按照商品的售价进行记载的。这就意味着，商品在入库时，其进价与售价之间的差额并不会直接体现在“库存商品”账户中，而是单独反映在“商品进销差价”账户。例如，酒店从供应商处购进一批某品牌的矿泉水，进价为每瓶 1 元，而酒店对外销售的售价为每瓶 2 元。在售价金额核算方式下，这批矿泉水入库时，“库存商品”账户应按照每瓶 2 元的售价进行登记，而进价与售价之间每瓶 1 元的差额，则计入“商品进销差价”账户。当商品销售后，从“库存商品”账户结转的销售成本是按照售价进行的，与销售收入数额相同。然而，这种按照售价结转的成本并不能真实反映业务的实际成果，因为其中包含了商品进销差价这一部分。所以，为了准确核算商品销售业务的利润，还需要将已销售商品所分摊的进销差价调减销售成本。但已销商品的进销差价并非在销售发生时就能立即确定，它是月末通过一定的计算方法求得的。由于在实际经营过程中，商品销售频繁且数量众多，无法逐笔随同销售成本进行调整，因此通常是在月末进行一次集中调整。通过这种方法，才能够较为准确地核算出商品销售业务的实际成本和利润，为酒店的管理决策提供可靠的财务依据。

三、分商品大类核算的必要性

在酒店的实际运营中，酒店商场的规模往往相对不大，可能无法像大型商场那样分柜组设立实物负责人账户。然而，各类商品的进销差价率却存在较大差异，有的商品进销差价率较高，有的则相对较低，甚至相差悬殊。例如，酒店商场内销售的高档烟酒，由于其品牌价值、稀缺性等因素，进销差价率可能较高；而一些日常的生活用品，如牙膏、牙刷等，进销差价率则相对较低。如果不对商品进行分类核算，而是将所有商品的销售成本和利润笼统地计算在一起，就无法准确反映不同类别商品的销售利润情况，可能会导致酒店管理层对各类商品的销售业绩和盈利能力产生错误的判断。因此，为了便于正确计算商品销售利润，酒店仍应分商品大类进行核算。通过分商品大类核算，酒店可以清晰地了解每一类商品的销售收入、销售成本以及进销差价情况，从而有针对性地制定商品采购、定价和销售策略，提高商品销售业务的盈利能力和经营效益。

例如，酒店商场营业日报表反映已销售商品总额为 11050 元，其中：销售百货类 2600 元、烟酒类 3200 元、食品类 2500 元、饮料类 800 元、工艺品类 1600 元、鲜果类 350 元。收入现金 10500 元，外客“东方房产公司”挂账 180 元，客房寓客挂账 370 元（表 5−1）。

表 5-1　商场营业日报表

××年××月××日　　　　单位：元

销售商品大类	销售金额	货款结算		备注
		现金	挂账	
百货	2600			转寓客账： 905 房 杨浩 250 元 1023 房 张彬 120 元 转外客账： 东方房产公司 180 元
烟酒	3200			
食品	2500			
饮料	800			
工艺品	1600			
鲜果	350			
合计	11050	10500	550	

商场负责人：　　　　　　　　　　制表：

作分录如下：

借：库存现金　10500

　　应收账款——东方房产公司　180

　　其他应收款——客房（寓客）　370

　　贷：主营业务收入——百货　2600

　　　　主营业务收入——烟酒　3200

　　　　主营业务收入——食品　2500

主营业务收入——饮料　　800
主营业务收入——工艺品　　1600
主营业务收入——鲜果　　350

同时结转销售成本：

借：主营业务成本——百货　　2600
主营业务成本——烟酒　　3200
主营业务成本——食品　　2500
主营业务成本——饮料　　800
主营业务成本——工艺品　　1600
主营业务成本——鲜果　　350
贷：库存商品——商场——王杰　　11050

案例中客房寓客在商场购货挂账 370 元，营业员应填列寓客消费挂账通知单，经宾客签字认可后及时送交前台，以便记入该寓客账单。

第三节　酒店商场其他业务的管理核算

一、酒店商场的售价金额核算法

酒店所附设的商场，因为商品销售的对象主要是住宿酒店的宾客，规模不大，经营的商品一般为日用小百货、小食品、软饮料以及一些旅游纪念品、工艺美术品等。商品多为零售，很少批发，营业员也不多，所以不必像大商场那样分设许多商品专柜。酒店商场不独立核算，也不直接向外进货，商品收入渠道仅是酒店的总仓库。商品销售是"一手钱，一手货"的现金结算方式，除贵重高档商品外，不需要填制销货凭证，销售业务当场即可完成。

（一）售价金额核算法的基本内容

酒店商场一般采用售价金额核算法，即售价金额核算的实物负责制，其基本内容如下：

第一，实行售价记账，以金额控制商品库存数量。财务部门对商品的进销存一律按售价记账，不反映商品的品种和数量。库存商品总分类账记载和反映全部商品的售价金额。库存商品明细分类账按实物负责人分户设置，以售价金额分别记载各实物负责人所经管的商品，并通过实物负责人账户来控制商品数量，以明确各类实物负责人的经济责任。商场内存放的贵重高档大件商品，实物负责人必须设置账卡，逐日登记这些商品的收入付出和结存，借以加强管理。

第二，确定实物负责人，建立经济责任制。建立实物负责制是实行售价金额核算的重要基础。在酒店商场中，实物负责人的确定方式较为灵活。它既可以以酒店商场本身作为实物负责人，也可以指定营业员或商场负责人为实物负责人。无论采用哪种方式，实物负责人都对其经管的商品负有全部经济责任。这意味着，一旦商品出现任何问题，如丢失、损坏或销售不畅等，实物负责人都需要承担相应的责任，从而促使他们更加认真负责地管理商品。

第三，设置“商品进销差价”账户，核算商品售价与进价的差额。由于在购进商品时，商品是以售价计入“库存商品”账户的，这就导致商品的进价与售价之间存在一个差额。为了准确记载和反映这个差额，商场需要专门设置一个“商品进销差价”账户。通过这个账户，商场不仅可以调整库存商品售价总金额，还能在月末根据商品的存销比例，计算已销商品应分摊的进销差价，进而准确计算商品销售成果，为商场的盈利分析提供可靠依据。

第四，加强商品盘点，落实商品的库存金额。在实行售价金额核算的情况下，库存商品是按售价记载的，并且以售价来控制实物负责人的商品数量。然而，仅依靠售价记载并不能完全保证账实相符。为了检查核对账实情况，商品盘点就显得尤为重要。一般情况下，只有通过商品盘点，才能准确查清库存数量，核实库存商品的总值。因此，酒店商场规定每月末都必须进行一次全面盘点。如果在盘点过程中发现差异，商场应及时查明原因，并按照规定进行处理，确保账实相符，以维护商场财务数据的准确性和可靠性。

（二）售价金额核算法的质量提升

实行售价金额核算是一种比较好的商品核算方法。例如，库存商品明细账按照实物负责人设户进行明细核算，简化了记账工作；商品落实到实物负责人，职责明确，有利于调动职工群众参与经营管理的积极性；商品销售一般不需要填制凭证，简化了销售手续，节省了人力、物力，有利于提高服务质量。但是，这种方法也存在一些弊端，主要是营业员既管钱又管货，既售货又收款；加上一些商品不设数量账；平时难以掌握每种商品的变动情况，发生差错不易查清原因，且难以分清责任。为了提高其核算质量，在实际工作中，还应做好以下工作：

第一，建立健全各业务环节的管理制度。实行售价金额核算，其核心在于以售价金额来精准控制各实物负责人所经管的商品，而要做到账实相符，健全各业务环节的手续制度就显得尤为关键。在商品收进环节，必须严格按照既定的验收流程，对商品的数量、质量、规格等进行仔细核对，确保入库商品与采购订单一致。销售环节同样不容忽视，销售记录要详细准确，包括销售时间、销售数量、销售价格等信息，以便后续核对。对于商品的调价、升溢、损耗等业务，也必须严格按照规定手续办理。例如，在商品调价时，要填写调价单，注明调价原因、调价幅度等信息，并经相关负责人审批。同时，对销货款应建立严格的复点制度，安排专人对销货款进行二次清点，确保金额准确无误，然后按照规定的交款程序和时间送交出纳人员，防止资金流失和账目混乱。

第二，加强报账和对账工作。实物负责人应定期（一般月末盘点后）编制“商品进销存报表”，这份报表要详细反映商品的进货、销售和库存情况。同时，连同有关原始凭证，如采购发票、销售小票等，一并报送财务部门。财务部门在收到这些资料后，要进行认真细致的审核，检查报表数据的准确性、原始凭证的真实性和完整性。经审核无误后，据以调整实物负责人所经管的商品金额。通过这种方式，能够及时发现并纠正可能存在的账目差异，有利于贯彻经济责任制，明确各实物负责人的职责和权益。

第三，加强商品损耗和溢余的管理，制定合理的商品损耗（溢余）率。对于有损耗的商品，不能随意估算损耗情况，而应经过科学测定，并参考历史资料，逐步制定合理的、分品种的或综合的商品损耗率。例如，对于易腐商品，由于其保质期短、损耗风险高，应根据其特性制定较高的损耗率；而对于耐储存商品，则可制定相对较低的损耗率。通过合理确定损耗率，能够更加准确地核算商品成本，避免因损耗核算不准确而导致的财务数据失真。

第四，加强价格管理。实行售价金额核算，售价变动必然引起金额变动，因此必须加强价格管理。为了搞好价格管理，要实行明码实价，做到有货有价，有价有签，挂牌公布。在商品陈列区域，要清晰标注商品的价格标签，让顾客能够一目了然。严格按标签、牌价销售商品，接受顾客监督，防止出现价格欺诈等不良行为。当价格变动时，财务人员应立即调整“库存商品”

和“商品进销差价”账户，以确保账实相符，能够真实反映企业的财务状况。

二、酒店商场中已销商品进销差价的结转

商场实行售价金额核算商品销售后，在结转销售成本时是按售价，借记“主营业务成本”账户，没有反映出经营成果。为了核算已销商品的实际成本，月度终了，要运用一定的方法计算出已销商品应分配的“进销差价”进行账项调整。商品进销差价率有综合差价率和分类差价率两种计算方法。

综合差价率计算法是按全部商品的存销比例分摊商品进销差价的一种方法。先将“商品进销差价”账户的月末余额除以“库存商品”账户月末余额与本月“主营业务成本”账户借方发生额之和，求出全部商品综合平均差价率，然后再乘以本月“主营业务成本”账户借方发生额，所得出的金额即是本月已销商品应分摊的进销差价。

分类差价率计算法是按各类商品的存销比例，分别计算差价率，据以分摊各类商品进销差价的一种方法。采用这种方法，“库存商品”“主营业务收入”“主营业务成本”“商品进销差价”等账户都要相应地按商品大类设置明细账核算。其计算方法基本上与综合差价率计算法相同。只是要求按商品大类分别计算已销商品进销差价，汇总起来就是企业全部已销售商品的进销差价。分类差价率计算法虽较综合差价率计算法准确些，但在各类之中每种商品的进销差价率仍有高低不等的情况，不能做到完全准确。为了能够真实地反映库存商品和已销商品的进销差价，在年终决算之前，应进行一次核实调整。其调整方法一般是按实际差价计算法进行的。

实际差价计算法必须与年末商品盘存工作相结合。各实物负责人年末盘存商品时，应在商品盘点表上列出各种商品的实存数量，以原进价或最后进价计算全部库存商品的进价总金额。然后再以库存商品售价总金额减去该项进价总金额，即为年末库存商品应保留的进销差价。最后，以此项应保留的进销差价与“商品进销差价”账户反映的进销差价对比，对差额进行调整，使年末“商品进销差价”账户余额符合实际情况。

三、酒店商场中鲜果等商品的核算

酒店商场除经营工业品外，还会销售鲜果类商品。鲜果类商品经营有以下几个特点：一是售价变动大，在销售过程中不断挑选整理，按质论价；二

是商品损耗大，是水分蒸发和腐烂形成的；三是季节性强，销售时间集中。基于以上经营特点，如对鲜果商品仍实行售价金额核算办法会有一定困难。因此，为了便于销售，应及时调整价格，减少损耗，为使会计核算能适应鲜果的经营特点，可采用“进价金额核算，盘存计销”的核算方法，其要点如下：

第一，商品购进后，会计部门根据商场实物负责人填列的商品验收单，以原进价计入按实物负责人开设的“鲜果类”明细账专页，只记金额不计数量。商场实物负责人可根据需要按鲜果品名设立备查簿，登记收入、付出和结存的数量。

第二，销售鲜果的款项另行存放。每日营业终了，实物负责人点清鲜果货款交财会部门。财会部门根据交来鲜果货款，借记“库存现金”账户，贷记“主营业务收入（鲜果类）”账户，平时不结转销售成本，也不冲减“库存商品”账户，月末计算经营成果时再作调整转账。

第三，鲜果在经营过程中发生损耗、升溢、等级变化、价格变动时，财务部门不作账务处理。对大量降价处理腐烂变质鲜果，应设立备查簿随时登记，以便查考。

第四，月末或定期结转销售成本时，采取实地盘点以存计销的办法。即按盘存的鲜果品种和数量，分别乘以购进价，从而计算出库存鲜果商品总值，倒轧已销鲜果商品的进价成本。然后，借记“主营业务成本”账户，贷记“库存商品”账户。销售鲜果商品进价成本计算公式为：

本期销售成本＝期初库存金额＋本期进货金额－期末盘存金额

例如，酒店商场的鲜果期初库存 2560 元，本期共购进 22800 元，均以现金付讫。本期销售总额 28315 元，均收到现金。期末实地盘存 1020 元。

作如下分录：

①平时分批进货总额。

借：库存商品——鲜果	22800	
贷：库存现金		22800

②平时陆续销售总额。

借：库存现金	28315	
贷：主营业务收入——鲜果		28315

③计算和结转本期销售成本。

本期鲜果销售成本＝ 2560 ＋ 22800 － 1020 ＝ 24340（元）

借：主营业务成本——鲜果　　24340

　　贷：库存商品——鲜果　　24340

四、酒店商场中委托代销商品的核算

酒店商场是以自营业务为主的，但也会由于各种原因而接受部分单位或个人代销一些价值昂贵的工艺品等商品。委托代销商品应在“委托代销商品”账户核算。商场不纳入自营商品的管理方式，而应设立备查簿登记，销售后单独向财务部门交款。委托代销商品销售后由委托方提供销货发票，商场只按售价的一定比例收取代销手续费，列作其他业务收入。委托代销商品收付款程序是：酒店总仓库收到委托代销商品时，填开验收单，一联交由委托方作为收货和售后结算货款凭据；一联由商场实物负责人签收后交财务部门；一联交由商场存查。验收单上应注明“委托代销商品”字样。

例如，酒店商场收到精工公司委托代销大型木刻龙凤共舞座雕一件，合同约定销售价 8000 元，销后手续费按售价 6%，由委托方出具销售发票，货已售出，收入现金。与委托方结算货款，扣回手续费 480 元，余款 7520 元从银行支付（不考虑增值税）。

作有关如下分录：

收货时：

借：委托代销商品　　8000

　　贷：其他应付款——代销商品款　　8000

销售后：

借：库存现金　　8000

　　贷：应付账款——精工公司　　8000

借：其他应付款——代销商品款　　8000

　　贷：委托代销商品　　8000

支付货款时：

借：应付账款——精工公司　　8000

　　贷：其他业务收入　　480

　　　　银行存款　　7520

有些委托代销商品如作自营处理，则不通过“委托代销商品”账户核算。操作程序与自营方式相同。即收货时由仓库填开入库单，商场领出时由经办业务人员填开商品内部验收调拨单。进货价、销售价、进销差价按合同约定，但必须待商品售出后才能结付价款。

五、酒店商场中商品调价的核算

商场在经营过程中，往往会因进价变动和供求关系等原因，而需要调整销售价格。在实行售价金额核算的情况下，当某种商品零售价格变动时，对实物负责人经管的商品金额必须作相应的调整，以保持库存商品金额能控制库存商品的数量。商品调价工作有一定的机密性，要防止作弊。作出某项商品调价决定，应由酒店业务部门会同财务部门，派人到商场监督该项商品盘点，确定调价商品的实存数量。并按新售价更换商品价格标签，然后计算出调整的差额，再由业务部门填制调价商品差价调整单（表 5-2）一式数联，其中一联交由财务部门据以调账。商品调价除了影响库存商品的账面金额外，也必然影响商品的进价与售价之间的差额。因此，在调整“库存商品”账户的同时，还应对“商品进销差价”账户作相应的调整。

表 5-2 调价商品差价调整单

实物负责人：

××年××月××日　　　　金额单位：元

货号	品名	单位	库存数量	原售价	新售价	+或-	单位差价	增加金额	减少金额
	塑料旅行箱	只	30	26	40	+	14	420	
合计								420	

例如，酒店商场决定调高塑料旅行箱售价。单位原售价 26 元，调高为 40 元，经盘点实存 30 只，根据调价商品差价调整单作如下分录：

借：库存商品——商场实物负责人　　420

　　贷：商品进销差价　　420

六、酒店商场中商品销售折让的核算

在酒店商场的日常运营中，为了在激烈的市场竞争中脱颖而出，扩大商品销售规模、提升销售额，折让销售活动成为一种常见且有效的营销策略。

通过给予顾客一定的价格优惠，不仅能够吸引更多消费者，还能增强顾客的忠诚度，促进商场整体业务的良性发展。然而，这种销售策略的实施，也对财务核算工作提出了更为细致和精准的要求。当酒店商场实行售价金额核算方式时，对于因折让而减少收入的部分，必须严格按照实际销售额进行入账处理。这意味着，每一笔折让销售业务都需要精确记录其折让后的实际收入金额，确保财务数据的真实性和准确性。同时，为了保持库存商品账目与实际库存的一致性，还需按原售价转销库存商品。这一过程要求财务人员具备高度的责任心和严谨的工作态度，仔细核对每一笔折让销售业务所涉及的商品信息、折让金额以及原售价等关键数据，避免出现账目混乱或数据错误的情况。

为了加强内部管理和财务监督，商场每日都应编制商品销售折让报告表（表 5-3），需要与营业日报表一同提交财务部门。财务部门收到这些资料后，会对其进行认真审核，确保折让销售业务的核算符合财务规定和会计准则。到了月末，结转商品进销差价同样是财务核算工作中的重要环节。在这一过程中，应按照主营业务成本的原售价来计算分摊进销差价。这是因为，虽然商品以折让后的价格销售出去，但商品的进货成本并未因折让而改变。通过按原售价计算分摊进销差价，能够准确反映出因销货折让而减少的销售毛利。这样一来，商场的财务报表就能够真实地反映出折让销售活动对经营成果的影响，并为管理层提供准确的决策依据。

表 5-3　商品销售折让报告表

×× 年 ×× 月 ×× 日　　　　单位：元

商品类别	原销售价	折扣率(%)	折让金额	实收金额	备注
全部商品	13570	5	678.50	12891.50	
合计 13570			678.50	12891.50	

作如下分录：

按实际收入：

借：库存现金　　　　　　　　　　　　　　12891.50

　　贷：主营业务收入　　　　　　　　　　　　　　12891.50

同时，按原售价转销库存商品：

借：主营业务成本　　　　　　　　　　　　13570

　　贷：库存商品——实物负责人　　　　　　　　　　13570

月末，结转商品进销差价时，应按主营业务成本的原售价计算分摊，从而抵销因销货折让而减少的销售毛利。

七、酒店商场中商品内部调拨的核算

所谓商品内部调拨，指的是商场与酒店内其他商品经营部门，如各个吧台之间所发生的商品转移行为。这种内部调拨旨在合理调配商品资源，确保各经营部门能够根据实际需求及时获得所需商品，从而保障酒店整体运营的顺畅和高效。在商品内部调拨过程中，使用的验收调拨单与从仓库调往商场的调拨单格式相同。这种调拨单通常为一式数联，每一联都有着明确的用途，依据此单能够规范地办理商品转移手续。具体来说，调出方和调入方需各自留存一联，以便双方进行商品库存的核对与管理；同时，还需有一联交至财务部门，作为财务核算的重要依据。通过这种严格的单据流转和管理，能够确保商品调拨业务的每一环节都有清晰的记录，有效避免出现商品账目不清、库存混乱等问题。

酒店商场与吧台等部门之间的商品调拨情况较为复杂，主要存在两种情况，需要采用不同的账务处理方法：第一种情况是吧台的商品也实行售价核算。在这种情况下，当商场向吧台调拨商品时，商场应按照商品的售价确认收入，同时结转相应的销售成本。例如，商场调拨一批价值 5000 元（售价）的酒水给吧台，商场在账务处理上，一方面要增加“主营业务收入”5000 元，另一方面要减少“库存商品”5000 元，并结转相应的成本。而吧台在收到调拨商品时，则应按照售价增加“库存商品”5000 元。第二种情况是吧台不实行售价核算。此时，商场向吧台调拨商品时，账务处理就有所不同。商场只需将调拨商品的成本进行结转，不确认收入。例如，商场调拨一批成本为 3000 元的商品给吧台，商场在账务上减少“库存商品”3000 元，同时增加相应的内部往来科目；吧台收到商品后，按照成本价增加“库存商品”3000

元。通过对这两种不同情况采用恰当的账务处理方法，能够准确反映酒店商场与吧台等部门之间的商品调拨业务，保证财务数据的真实性和准确性，为酒店的管理决策提供有力的支持。

八、酒店商场中商品退库的核算

由于市场需求的不断变化、商品自身的质量问题，或是商场经营策略的调整等诸多因素，部分商品可能会面临不适销对路的情况，这就需要将其从商场退回总仓库，以便进行后续的处理，如重新调配至其他合适的销售场所、进行促销活动，或是直接报废等。而这一退库过程，同样涉及一系列严谨的核算工作，对于酒店商场的财务管理和库存控制都具有重要的意义。当商场确定需要对某些商品进行退库操作时，首要步骤是准确填写红字商品内部验收调拨单。这份单据是整个退库核算流程的关键凭证，它详细记录了退库商品的各类信息，包括商品的名称、规格、型号、数量、单价以及总价等。红字的使用是为了在财务账目上明确区分这是一笔冲减性质的业务，与正常的商品入库或销售业务形成鲜明对比，方便财务人员进行准确的账务处理。在填写单据时，必须确保信息的准确性与完整性，任何细微的差错都可能导致后续核算的混乱，进而影响到库存数据的精确性和财务报表的真实性。

收到红字商品内部验收调拨单后，财务部门需依据该单据对商场的商品账目进行冲减处理。在会计分录上，通常会借记库存商品（总仓库）科目，贷记库存商品（商场）科目，金额为退库商品的原入账价值。这一分录反映了商品从商场这一库存地点转移至总仓库的物理过程，也在财务账目上实现了库存数量和金额的相应调整。通过这样的冲减，商场的库存账面价值得以降低，与实际库存情况保持一致，避免了因账实不符而可能出现的管理决策失误。

例如，酒店商场有虎头牌男衬衫 30 件，因无销路退还总仓库。每件原进价 20 元，总值 600 元，销售价 28 元，总值 840 元。填开了红字商品内部验收调拨单。

作如下分录：

借：库存商品——商场实物负责人　　840

　　贷：库存商品——总仓库　　600

　　商品进销差价——商场实物负责人　　240

在核算过程中，还需要关注退库商品的后续处理方式对财务核算的影响。

如果退库商品后续被重新调配至其他销售区域，那么在新的销售环节，需要重新进行商品销售的核算，包括计算销售收入、成本结转等。若退库商品因质量问题等原因被报废处理，则需按照相关财务制度规定，进行资产减值或损失的核算，这可能涉及存货跌价准备的计提、营业外支出的确认等复杂会计处理，进一步影响到酒店商场的利润水平和财务状况的呈现。

此外，商品退库核算还与酒店商场的税务处理密切相关。例如，退库商品若涉及增值税的抵扣问题，需要在核算时准确核算进项税额的转出或保留，确保税务申报的准确性，避免因税务处理不当而给酒店商场带来不必要的税务风险和经济损失。同时，对于退库商品所涉及的促销活动、折扣等特殊业务情况，也需要在核算中予以充分考虑，合理分摊相关费用，准确计算成本和利润，为酒店商场的经营决策提供可靠的财务数据支持。为了确保商品退库核算工作的高效、准确进行，酒店商场应建立健全的内部控制制度，包括明确各部门在退库流程中的职责分工，如商场部门负责商品的挑选和退库申请，仓储部门负责商品的验收和入库，财务部门负责核算和账务处理等，通过明确的职责划分，避免出现推诿责任、重复劳动等情况，提高工作效率。同时，还应定期对库存商品进行盘点，将账面数据与实际库存进行核对，及时发现并纠正退库核算过程中可能出现的差错，从而保证库存管理和财务核算的双重准确性。

九、酒店商场中兼营批发销售的核算

有的酒店商场，某些商品货源充足，而且畅销，也可以从事批发业务。零售商场经营批发业务的管理有两种办法：第一种办法是批发商品与零售商品分开管理统一核算。实行这种办法的商场，批发商品实行数量进价金额核算，要在“库存商品”“主营业务收入”“主营业务成本”等账户下设批发商品专户，按批发商品进货与销货的核算方法处理；第二种办法是批发商品与零售商品统一管理统一核算。批发商品销售时，商品销售价格可按零售价格折扣作价，也可按批发价加成作价。不论采用哪种办法，均应按实际销货金额入账；而且必须逐笔填制发货单，并注明原零售价。现按第二种办法举例如下：

例如，酒店商场所经营的一种土特产空心白莲货源充足，从事批发。成交销售空心白莲一批，零售价总值 8000 元，按 10% 折扣结算，价款总额 7200 元，货款从银行转账收讫。根据有关凭证作如下分录：

借：银行存款　7200
　　贷：主营业务收入——商场批发　7200
同时，按原零售价注销库存商品：
借：主营业务成本——商场批发　8000
　　贷：库存商品——商场实物负责人　8000

采用这种办法核算，批发商品从总仓库拨入商场和销售后结转进销差价等程序，与其他零售商品相同。

十、酒店商场中库存商品的明细分类核算

酒店商场在实行售价金额核算的情况下，“库存商品”的明细分类是按实物负责人分户设置的。通常在账户中只反映商品售价金额，不分品名不计数量。故库存商品明细账一般可采用库存商品和商品进销差价结合在一起的三栏式明细账。在进行零售商品明细分类核算时，财务部门应按照实物负责人分户设置“库存商品”和“商品进销差价”明细账户进行核算。由于“库存商品”账户数额的增减往往都是和“商品进销差价”账户数额的增减同时发生，因此，也可以把“库存商品”和“商品进销差价”两个账户的明细分类核算结合起来，在同一张账页上登记。这不仅简化了记账工作，也便于月末计算已销商品的进销差价。库存商品和商品进销差价结合在一起的账页格式如表 5-4 所示。

表 5-4　库存商品和商品进销差价明细账

实物负责人：×××　　单位：元

××××年		凭证号	摘要	库存商品			商品进销差价		
月	日			借方	贷方	余额	借方	贷方	余额
××	× ×	× ×	仓库拨 入销售	21500	14200	21500 7300	3408	5160	5160 1752

思考与练习

1. 酒店商场拟通过信息化手段优化售价金额核算法，请提出三项具体改进措施，并说明其会计处理影响。

2. 酒店商场采用数量金额式明细账核算库存商品，请设计一张包含“商品名称”“规格”“数量”“单价”“金额”的明细账模板，并说明其作用。

第六章　酒店行政部门管理与会计核算

酒店行政部门承担着组织协调、资源调配、制度执行等多项基本职能，职责是保障酒店各部门高效协作。随着酒店行业竞争日益加剧，对内部管理精细化要求不断提高，行政部门涉及的经济业务日益繁杂，其管理与会计核算的难度也相应增大。本章聚焦酒店行政部门管理与会计核算，深入剖析其基本职能，详细阐述其他行政经济业务及行政管理业务的核算方法。不仅有助于规范酒店行政部门的财务管理，提高资金使用效率，还能为酒店管理层提供准确的财务信息，助力酒店做出科学决策，提升整体运营效益。

第一节　酒店行政部门的基本职能

一、酒店总经理的职能

目前，我国大多数酒店都是实行总经理负责制。总经理作为酒店运营的核心人物，肩负着多重且关键的职能，主要包括以下几个方面：

第一，把握酒店发展方向。总经理的首要政治责任在于负责贯彻执行党和国家的方针政策。酒店作为社会服务行业的重要组成部分，其经营活动必须与国家的发展战略和政策导向始终保持一致。例如，在推动绿色发展、节能减排的政策背景下，总经理需要引导酒店采取一系列环保措施，如推广节能设备、优化能源管理、减少一次性用品的使用等，以实际行动响应国家号召。同时，总经理要认真执行职工代表大会的决议。职工代表大会是酒店员工参与民主管理的重要平台，其决议反映了员工的意愿和需求。总经理积极执行这些决议，既体现了对员工民主权利的尊重，也保障了员工在酒店发展中的参与感和话语权。坚持酒店经营的社会主义方向，是总经理不可动摇的政治立场，应确保酒店在追求经济效益的同时，兼顾社会效益，为国家的经济建设和社会发展贡献力量。

第二，维护酒店合法运营。遵守国家法律和各类相关法规是总经理的基本职责。酒店行业涉及财政、金融、税务、公安、文化、卫生、城建、环保等多个领域，总经理需要确保酒店的各项经营活动都严格符合法律法规的要求。作为酒店的法人代表，在面对法律纠纷时，总经理需要积极应对，妥善处理，维护酒店的合法权益。例如，在涉及消费者权益保护、劳动纠纷等方面，总经理需依据相关法律法规，采取合理的解决措施，避免法律风险对酒店运营造成不利影响。

第三，实现企业价值与社会责任。在经济责任方面，总经理对国家承担着重要的社会经济责任。酒店作为经济实体，必须认真履行合同，合法经营，为国家创造较好的经济效益。同时，总经理还需对企业资产的保值增值负责，通过科学的管理和有效的运营，确保酒店资产的安全和增值。在处理国家、酒店、员工三者之间的利益关系时，要严格按照规定，做到公平、公正、公开，保障各方的合法权益。例如，在制定薪酬福利政策时，要充分考虑员工的劳动价值，合理确定工资待遇和奖金分配，既保证员工的收入水平，又兼顾酒店的可持续发展。

第四，构建和谐劳动关系。总经理要对员工负责，尊重员工的民主权利，保护员工的正当利益。在日常管理中，要充分听取员工的意见和建议，让员工参与到酒店的管理和决策中来，以增强员工的归属感和责任感。同时，要保护员工的正当利益，改善员工劳动条件。例如，合理调整员工的工作强度和工作时间，提供必要的劳动保护用品，确保员工在工作中的安全与健康。此外，总经理还需关注员工的劳动条件，改善工作环境，如提供舒适的休息区域、更新办公设备等。在提高酒店经济效益的基础上，逐步改善员工生活，如增加员工福利、组织员工活动等，增强员工的幸福感和忠诚度。

第五，塑造酒店优质形象。总经理要带领全店员工提高服务质量，从宾客入住的那一刻起到离店的全过程，都要确保服务质量。在安全保障方面，要建立健全安全管理制度，加强酒店的安全设施建设，如安装监控设备、配备专业的安保人员，保证宾客住店期间的安全。为宾客提供质价两相符的服务，根据市场需求和宾客反馈，不断优化服务内容和标准。例如，提供个性化的服务，满足不同宾客的特殊需求。通过优质的服务，努力提升酒店的知名度，吸引更多的宾客，形成良好的口碑效应。

第六，引领酒店运营。总经理拥有经营决策自主权、经营活动指挥权、企业内部人事任免权，并直接对酒店董事会负责。这要求总经理具备敏锐的市场洞察力和果断的决策能力，能够根据市场动向和发展趋势，制定相应的经营方针、措施和服务质量标准。例如，在旅游旺季来临前，制定针对性的营销策略，推出特色套餐和服务，吸引更多宾客。设计组织机构的设立或调整方案，任免酒店部门以上的经理人员。根据酒店的发展战略和业务需求，合理设置部门，选拔有能力、有责任心的管理人员，确保酒店的运营效率和管理水平。拟定酒店人事方针，提出对员工的培训要求。根据酒店业务发展需要，制订员工培训计划，提升员工的专业技能和服务意识。

第七，保障酒店稳健运营。总经理需要对国家承担社会经济责任，认真履行合同，创造较好的经济效益。在经营过程中，要注重企业资产的保值增值，合理规划投资与扩张，避免盲目决策导致资产流失。同时，按规定正确处理好国家、酒店、员工三者之间的利益关系，确保各方权益得到保障。作为法人代表，总经理还需承担法律责任，遵守国家法律和有关财政、金融、税务、公安、文化、卫生、城建、环保管理法规。在遇到法律纠纷时，作为法人代表积极应对，维护酒店合法权益。

第八，提高酒店运营效率。总经理需要根据市场动向和发展趋势，制定相应的经营方针、措施和服务质量标准。通过市场调研，了解宾客需求变化，及时调整酒店产品和服务，如推出特色主题房型、个性化餐饮服务等，以提升酒店竞争力。设计组织机构的设立或调整方案，任免酒店部门以上的经理人员。根据酒店发展需要，合理设置部门，明确各部门职责，任免合适的部门经理，确保酒店高效运转。拟定酒店人事方针，提出对员工的培训要求。根据酒店发展战略和员工实际需求，制订系统的培训计划，包括服务技能、安全知识、应急处理等方面的培训，提高员工的专业素养和应急能力。

第九，保障措施与监督机制。首先，建立健全管理体系。总经理需要研究和审批酒店的各项制度，建立健全管理体系。明确各部门职责，制定详细的工作流程和操作规范，确保各部门工作高效、协调进行。例如，建立安全管理制度，加强安全检查，确保酒店设施设备安全运行；制定卫生管理制度，保障食品卫生安全，防止食物中毒等事故发生。其次，强化财务与制度管理。

严格审批酒店财务预算、决算，把握收支环节，提高企业经济效益。同时，审批各部门的管理制度、工作程序，确保服务质量。例如，建立客房清洁消毒标准流程、餐饮服务安全操作规范等，提高服务质量和宾客满意度。

第十，强化精神文明与文化建设。总经理需要重视酒店精神文明和文化建设，通过组织员工培训、团队建设活动等方式，提高职工思想文化素质和凝聚力。例如，开展“安全知识竞赛”“服务技能比武”等活动，激发员工学习热情，提升酒店整体服务水平。

二、酒店人事部门的职能

在酒店这一高度依赖人力资源的服务行业中，人事部门扮演着重要的角色，其职能的充分发挥直接关系到酒店的整体运营效率、服务质量以及市场竞争力。酒店人事部门的主要职能广泛且关键，涵盖了以下几个方面。

（一）人事记录保存

人事记录保存是人事部门的基础性工作，这些记录犹如酒店人力资源的“档案库”，详细记录着每一位员工从入职到离职的全方位信息。从员工的个人基本信息，如姓名、年龄、学历、联系方式等，到职业经历，包括过往工作单位、职位、工作年限等，再到在酒店内部的培训记录、绩效评估结果、奖惩情况等，都被精心整理和妥善保存。准确完整的人事记录不仅为酒店的人力资源决策提供了可靠的数据支持，还在处理劳动纠纷、进行人力资源规划等方面发挥着不可替代的作用。例如，当酒店需要评估员工晋升潜力时，通过查阅其过往的培训记录和绩效评估，能够更全面地了解员工的能力和发展轨迹，从而作出更为科学合理的决策。

（二）员工招用

员工招用是酒店人事部门为酒店注入新鲜血液的重要环节，酒店作为一个服务性场所，对员工的要求具有特殊性，不仅需要其具备相应的专业技能，如前台接待的语言沟通能力、客房服务员的清洁整理技能等，还需要其有良好的服务意识和亲和力。因此，人事部门在招聘过程中，需要制定严格的招聘标准和流程，通过多种渠道广泛招募人才，如招聘网站、校园招聘、人才市场等。在选拔过程中，运用面试、笔试、实际操作测试等多种方式，全面考查应聘者的综合素质，确保选拔出最适合酒店岗位需求的人才。

（三）员工岗位安排

员工岗位安排则是根据员工的个人能力、特长以及酒店的岗位需求，将员工合理分配到各个岗位上。这一过程需要人事部门与各部门密切沟通协作，深入了解各岗位的工作内容、职责和要求，同时对员工进行全面评估，做到人岗匹配。例如，对于性格开朗、善于沟通的员工，可以安排到前台接待或销售岗位；而对于细心、有耐心且具备较强动手能力的员工，则更适合客房服务或餐饮服务岗位。合理的岗位安排能够充分发挥员工的优势，提高工作效率和服务质量，同时增强了员工的工作满意度和归属感。

（四）员工工资管理

工资管理是人事部门激励员工、保障员工权益的核心工作之一，在酒店行业，合理的工资分配制度对于吸引和留住优秀人才至关重要。人事部门应抓好按劳分配制度，根据酒店的经营特点和员工的工作性质，灵活运用多种按劳分配形式。首先，计分奖励制是一种将部门目标细化分解到各个班组，并依据完成情况量化为分值，进而按分计酬计奖的制度。例如，客房部门可以根据房间清洁数量、质量以及客户满意度等指标设定相应的分值。员工所在班组完成的任务越多、质量越高，获得的分值就越高，相应的工资和奖金也就越丰厚。这种制度能够充分调动员工的工作积极性和团队协作精神，促使员工为实现部门目标而努力工作。其次，浮动工资制是以员工标准工资为基础，实行全部或部分浮动。工资的浮动幅度与员工的工作态度、贡献大小以及工作效果直接挂钩。对于工作认真负责、积极主动，为酒店作出了突出贡献的员工，工资浮动比例可以相应提高；而对于工作敷衍了事、绩效不佳的员工，工资则可以下调。这种制度能够体现多劳多得、优绩优酬的原则，并激励员工不断提升工作绩效。最后，提成工资制是将劳动报酬与企业利润挂钩的一种分配方式。酒店设定一定的利润指标，当员工所在部门或团队完成利润指标后，员工可以获得相应的工资和奖金；若超额完成利润指标，还可按比例获得额外提成。例如，销售部门的员工通过积极拓展客户、提高销售额，为酒店创造更多利润，从而获得更高的收入。这种制度能够增强员工的成本意识和利润意识，促使员工关注酒店的整体经营效益，积极为酒店创造价值。

（五）员工培训

酒店作为以人为本的服务行业，人的因素决定着酒店经营的好坏。因此，人事部门应将通过培训提高人员素质作为主要工作，制订周密的全员培训计划。培训计划应根据不同时期、不同对象，采取多样化的培训方式和严格的考核制度。首先，在不同时期，培训内容和重点应有所侧重。例如，在旅游旺季来临前，针对一线服务人员，可以加强服务技能、应急处理能力等方面的培训，以确保能够为客人提供优质高效的服务；而在旅游淡季，则可以开展员工职业素养、管理能力等方面的培训，提升员工的综合素质，为酒店的长期发展储备人才。其次，针对不同对象，培训方式也应灵活多样。对于新入职员工，可以采用集中授课、实地操作演示等方式，帮助他们快速了解酒店的企业文化、规章制度和工作流程；对于有一定工作经验的老员工，则可以组织外出学习、内部经验分享会等活动，拓宽他们的视野，学习借鉴先进的行业经验和管理方法。最后，严格的考核制度是确保培训效果的关键。通过定期的考核，检验员工对培训内容的掌握程度和应用能力。对于考核合格的员工，给予表彰和奖励，激励他们继续努力；对于考核不合格的员工，则应进行有针对性的辅导和再培训，直至达到要求。

（六）员工奖惩方法制定

制定科学合理的奖惩方法是人事部门激励员工、规范员工行为的重要手段。奖励措施可以包括物质奖励，如奖金、奖品等；以及精神奖励，如荣誉证书、公开表扬等。通过奖励那些表现优秀、为酒店作出突出贡献的员工，树立榜样，激发其他员工的工作积极性和上进心。惩罚措施则应遵循公平、公正、公开的原则，对于违反酒店规章制度、因工作失误给酒店造成损失的员工，给予相应的处罚，如警告、罚款、降职等，以维护酒店的正常运营秩序。

（七）员工劳工关系管理

劳工关系管理是人事部门维护酒店内部和谐稳定的重要工作。人事部门需要积极搭建员工与管理层之间的沟通桥梁，及时了解员工的需求和意见，协调解决员工之间、员工与管理层之间的矛盾和纠纷。通过组织各类员工活动，如团建活动、员工生日会等，增强员工之间的交流与合作，营造良好的工作氛围，提高员工的凝聚力和忠诚度。

三、酒店财务部门的职能

在酒店的运营管理体系中，财务部门影响着酒店的资金运作、经营决策以及整体效益。财务部门职能的有效发挥，对于酒店的稳定发展、经济效益提升以及战略目标的实现都具有不可替代的作用。酒店财务部门的职能包括以下几个方面。

（一）为酒店经营管理提供有用的经济信息

酒店财务部门通过科学、严谨的核算工作，能够精准掌握企业大量可靠的经济信息。这些信息涵盖了酒店各部门丰富的业务数据以及关键的会计数据，并借助价值形式对酒店的一切经济活动进行综合呈现，它不仅清晰展示了酒店在经营过程中的耗费、收入以及盈利状况，还为考核经济效益提供了坚实依据，更能够敏锐地揭示企业管理中潜藏的问题，进而有力地促进酒店改善经营管理，提高运营效率与质量。

反映经济活动通常存在三种量度方式，即劳动量度、实物量度和货币量度。在酒店的日常运营中，各项经济活动纷繁复杂，而货币量度凭借其独特的优势，成为主要采用的计量方式。货币作为一般等价物，能够将不同性质、不同用途的经济业务进行统一衡量，从而从数量方面直观、准确地反映各部门经济活动的规模、结构以及变化趋势。例如，通过货币计量，可以清晰地了解到客房部门在一定时期内的收入情况，餐饮部门的食材采购成本、菜品销售收入以及利润贡献等。这些数据都为酒店管理层加强各部门的精细化管理提供了翔实的数据资料，使得管理者能够依据准确的信息作出科学合理的决策，合理配置资源，提高各部门的工作效率与经济效益。

财务部门的反映职能不仅局限于提供能综合反映酒店各项经济活动效果的核算指标，更重要的是，要为领导层提供有关预测未来经济活动效果的数据资料。在竞争激烈的酒店市场中，准确预测未来的经营趋势对于酒店的生存与发展至关重要。财务部门凭借其专业的分析能力和对酒店运营数据的深度挖掘，结合市场动态、行业趋势以及酒店自身的发展战略，运用科学合理的预测方法，为领导层提供具有前瞻性的数据信息。例如，根据历史数据和市场调研，预测未来一段时间内酒店的客房入住率、餐饮消费趋势以及各项成本费用的变化情况等。这些数据资料能够帮助领导层提前洞察市场变化，对经营管理作出精准决策并采取有效措施，从而确保酒店能够提前布局，抢占市场先机，达到预期的经营目的。

财务部门组织会计核算工作时，必须严格遵循完整性、连续性和系统性的原则。完整性要求对酒店实际发生的各项经济活动进行全面、无遗漏的记录，确保每一个经济业务都能在财务账目中得到准确反映。无论是客房的一次性用品采购、餐饮的原材料入库，还是员工的工资发放、水电费的支出等，都要详细记录，做到不重不漏。连续性则强调对经济活动的记录要具有时间上的连贯性，不能出现断层。从年初的预算编制到年末的财务决算，每一个会计期间的经济活动都要紧密衔接，形成一个完整的记录链条。系统性要求按照经济管理的要求，对记录的数据资料进行分类和汇总，使其既相互联系又条理清晰。通过这样的会计核算方式，企业领导能够全面、深入地掌握经济活动情况，准确考核经营成果，及时发现经营过程中存在的问题并加以解决。

（二）对酒店经济活动的过程实行会计监督

任何单位的经济活动都需要按照一定的目的和要求有序开展，酒店也不例外。为了确保酒店的经济活动符合规定要求，达到预期的经营目的，必须实施有效的监督。财务部门的监督职能主要体现在以下几个方面。

1. 实施事前、事中、事后全方位监督

财务部门在反映各项经济活动的同时，应积极开展事前监督，这一环节主要是审查各项经济活动是否符合有关政策法令和企业的规章制度。酒店作为经营性企业，必须严格遵守国家法律法规以及行业规范，同时要遵循企业自身制定的各项规章制度。财务部门凭借其专业的财务知识和对政策法规的深入了解，对即将开展的经济活动进行严格审查。例如，在酒店进行大型设备采购时，财务部门首先要审查采购合同是否符合相关法律法规，采购价格是否合理，是否符合酒店的预算安排等。对于违反政策法令和企业制度的各项经济活动，财务部门要坚决加以限制和制止，坚决从源头上防范风险，确保酒店经济活动的合法性和合规性。

财务部门对所反映的经济活动情况及有关资料进行细致的检查和分析，开展事中监督和事后监督。在事中监督阶段，财务部门密切关注经济活动的执行过程，对各项耗费和支出进行实时监控，防止滥用和浪费现象的发生。例如，在餐饮部门的成本控制方面，财务部门通过对食材采购价格、库存管理以及菜品销售价格的监控，及时发现成本异常波动情况，并采取相应措施进行调整。在事后监督阶段，财务部门对已经完成的经济活动进行全面总结和分析，评估经营成果，查找存在的问题和不足，为今后的经营活动提供经验教训。通过对各项耗费和支出的严格监督，能够有效促进酒店增收节支，提高企业的经济效益。

2. 利用价值指标考核和控制经济活动

财务部门充分利用各种价值指标，对酒店的经济活动效果进行全面考核。价值指标具有综合性的特点，它能够将酒店各部门、各环节的经济活动进行量化反映，从而为考核和控制提供客观依据。例如，通过成本利润率、资产回报率等价值指标，可以直观地了解酒店的经营效益和资产运营效率。同时，财务部门还可以事先制定一些价值指标，如预算指标、成本控制指标等，对有关经济活动进行事前控制。在预算编制过程中，财务部门可根据酒店的发展战略和经营目标，结合历史数据和市场预测，制定出科学合理的预算指标，并将这些指标分解到各个部门。在经营过程中，各部门严格按照预算指标进行经济活动，财务部门则通过定期的预算执行情况分析，对偏离预算指标的情况及时进行调整，确保酒店的经济活动始终在预算范围内有序进行，从而实现对各部门经济活动的全面考核和控制。

四、酒店工程部门的职能

酒店工程部门是酒店运营体系中的主要部分，其职能犹如酒店正常运转的“心脏”与“骨骼”，对能源供应和设备维修、保养起着重要的作用，是保障酒店日常运营流畅、为宾客提供优质服务的重要支撑力量。

（一）能源供应

1. 电力供应

电力供应是酒店能源供应的核心内容之一，酒店工程部门通过配电设备这一关键枢纽，将输入的高压电精准地转换为适合各部门使用的低压电，并源源不断地输送至各个角落。配电设备虽然在平日里故障发生率相对较低，但这并不意味着可以对其疏于管理。工程部门的工作人员需要时刻保持高度的责任心，勤于对配电设备进行细致的巡视。在巡视过程中，他们要密切关注仪表所反映的各项数据，通过这些数据判断设备是否存在不正常现象。一旦发现潜在问题，需要及时进行调整，确保电力供应的稳定性和安全性。

在一些地区，用电高峰时段常常会出现拉闸停电的情况。为了应对这种突发状况，许多酒店都配备了柴油发电机设备。虽然自发电的时间通常较为短暂，但工程部门必须树立“备战”思想，不能有丝毫懈怠。平日里，要加强对自发电各项设施的维修保养工作，定期检查发电机的各个部件，确保其性能良好。同时，还要储备足够的燃料，以应对可能出现的长时间停电情况。当突然停电时，工程部门要在最短的时间内启动发电装置，避免因停电影响酒店的正常营业，如客房照明、餐饮服务、洗浴及娱乐设施等，从而保障宾客的入住体验不受影响。

在酒店众多电力消耗设施中，中央空调堪称“用电大户”。在无法改变设备现状的前提下，如何有效节约电力成为酒店面临的一项重大课题。工程部门在这方面肩负着重要责任，要严格依照酒店规定，认真执行中央空调冷暖气供应时间的开启和关闭。例如，在非营业时间或宾客较少的时间段，适当调整空调的运行参数或暂停部分区域的空调供应，以达到节约能源的目的。同时，工程部门还可以通过优化空调系统的运行模式、定期清洗空调滤网等方式，提高空调的运行效率，进一步降低电力消耗。

2. 蒸汽和热水供应

蒸汽和热水供应也是酒店能源供应的重要组成部分，一般来说，酒店会使用燃油锅炉来提供蒸汽和热水。蒸汽在酒店中主要供应给洗衣坊的烘干设备，由于烘干设备需要持续高温运行，因此燃料消耗巨大，其费用仅次于中央空调。为了降低运营成本，加强蒸汽供应的管理同样至关重要。工程部门要合理安排蒸汽的使用时间，避免出现空烧浪费的情况。例如，根据洗衣坊的工作任务量，精确计算所需的蒸汽量，合理调整锅炉的燃烧强度，确保蒸汽供应既满足生产需求，又不会造成能源的浪费。对于热水供应，工程部门同样需要精心维护和管理，要定期检查热水锅炉的运行状况，确保其加热效率稳定。同时，对热水管道进行保温处理，减少热量在输送过程中的散失。此外，还可以根据酒店的实际情况，采用智能控制系统，根据不同时间段的用水需求，自动调节热水的供应温度和流量，实现能源的合理利用。

（二）设备维修和保养

1. 日常设施维修

在酒店设施日常维修工作中，酒店的照明设施以及客房卫生供水设施的维修较为频繁。照明设施不仅关系到酒店的整体形象，还直接影响宾客的视觉感受。工程部门的工作人员需要定期检查各个区域的照明灯具，及时更换损坏的灯泡或灯管，确保酒店内光线充足、明亮。客房卫生供水设施的正常运行对于宾客的入住体验也至关重要。卫生间的水龙头、淋浴喷头、马桶等设施如果出现故障，会给宾客带来极大的不便。因此，工程部门要建立快速响应机制，一旦接到客房部的维修通知，能够迅速安排人员前往维修。客房的床头开关柜和电子门锁是容易出现人为损毁的设施。由于宾客对这些设施的使用方法可能不太熟悉，在使用过程中容易出现不当操作，导致设施损坏。为了减少这种情况的发生，服务人员在宾客入住时，应主动向其说明这些设施的使用注意事项，例如，如何正确开关床头柜、如何正确使用电子门锁等。同时，工程部门在维修这些设施时，要认真分析损坏原因，对于因宾客不当使用造成的损坏，可以向相关部门反馈，以便采取相应的措施加强宾客引导。

2. 电梯维护

电梯是酒店的一项重要设施，其安全性和完好性直接关系到宾客和员工的人身安全。目前，多数酒店的电梯是由电梯厂家长期提供保修服务。然而，也有一些酒店选择与当地或外地的电梯维修专业单位签约进行维修。无论采用哪种维修方式，酒店工程部门都必须配备具备维修电梯资格的技术人员。这些技术人员不仅要熟悉电梯的工作原理和维修技术，还要具备快速排除电梯一般故障的能力。例如，当电梯出现故障吊在空中不动，宾客被困在电梯内时，时间就是生命。如果仅仅依赖特约维修人员，可能会因为距离较远、交通拥堵等原因，导致抢修时间过长，给被困宾客带来极大的心理压力和安全隐患。在这种情况下，工程部的电梯维修人员必须迅速响应，凭借自身的专业技能，尽快排除故障，解救被困宾客。因此，工程部门要定期组织电梯维修技术人员参加培训和演练，不断提高他们的应急处理能力和维修技术水平。

3. 维修器材管理

工程部所需用的维修器材主要通过向总仓库领取，如果需要直接向外购买，也要通过仓库办理验收领用手续。为了确保维修器材的合理使用和管理，工程部门要指定专人监管这些器材，并建立详细的保管账册，对器材的领入、付出和结存情况进行准确登记。当工程部门为各部门进行维修服务时，应填写维修施工单。维修施工单不仅要列明耗用的器材，还要详细记录维修所耗费的工时。维修完毕后，所耗用的器材应在维修施工单上详细列出，并由相关部门签字确认。工程部根据经过签证的维修施工单注销器材账目。月度终了，工程部应将当月的维修施工单进行整理，交由财务部门一联。财务部门则根据这些单据核销所领用器材，并将此项费用进行分配，列作各部门的修理费。在维修工资的计算方面，工程部门为各部门维修服务一般仅计算器材费用，不分配维修工资。但如果酒店要求计算维修工资，就需要制定一个合理的工时工资标准。维修申请单除列明耗用的器材外，还应列出维修所耗费的工时。财务部门则根据这些信息，将维修工资作部门之间的工资费用转移处理，确保费用核算的准确性和公正性。

五、酒店保安部门的职能

在酒店的日常运营中，保安部门不仅是酒店安全的守护者，还是宾客安心入住的保障。酒店保安部门的主要职能是保证酒店财产不受损失和住店宾客人身不受伤害，这一职责涵盖了多个方面，需要保安人员具备多方面的能力和素质，同时酒店也需制定完善的制度和措施来确保安全工作的有效开展。

（一）酒店财产安全保障

1. 防火工作

防火是酒店保安部门在财产安全保障方面的重要任务之一，酒店作为一个人员密集且设施众多的场所，一旦发生火灾，后果不堪设想。因此，保安人员必须具备扎实的防火知识，这包括了解火灾的起因、火灾的分类以及不同类型的火灾应采用何种灭火方式等。例如，对于电器火灾，就不能使用水来灭火，而应使用干粉灭火器等专用灭火器材，否则不仅无法扑灭火灾，还可能会引发触电等更严重的事故。保安人员不仅要知晓理论知识，更要熟练掌握一切防火用具的操作方法。这包括灭火器、消防栓、防火门等各类消防设施。例如，灭火器的使用需要掌握正确的操作步骤，如拔掉保险销、握住喷管、按下把手等，只有在实际操作中能够熟练运用，才能在火灾发生时迅速有效地进行扑救。平日里，还需要对所有防火器材进行保养，水龙带应定期晾晒，防止因长期存放而霉烂，影响其正常使用。泡沫灭火器要定期检查，及时更换过期药剂，确保其在关键时刻能够发挥应有的作用。此外，保安部门还应定期组织消防演练，让全体保安人员熟悉火灾发生时的应急处理流程，包括疏散人员、正确使用消防器材等各个环节。通过演练，提高保安人员的救火技能和应急反应能力，确保在火灾发生时能够做到有条不紊地进行处置。

2. 防盗工作

防盗同样是酒店保安部门保障财产安全的重要职责，酒店的财物众多，包括客房内的设施设备、餐饮原材料、酒店的固定资产等，这些都可能成为盗贼的目标。因此，保安人员在执行防盗任务时，必须时刻保持高度警惕，做到眼观六路、耳听八方。特别需要注意的是深夜时段，此时酒店内的人员活动相对较少，保安人员必须加强巡逻，如增加巡逻的频次和范围，确保酒店的各个角落都在监控之下。对于一些容易被忽视的区域，如地下室、仓库等，也应加强巡查，防止盗贼趁机作案。值班经理在深夜也应承担起监督职责，检查和纠正保安人员“睡岗”现象。因为保安人员的在岗状态直接关系到酒店的安全，一旦出现“睡岗”情况，将给盗贼可乘之机。因此，值班经理要定期对保安人员的值班情况进行检查，确保他们始终保持高度的警觉性。酒店内细小物品和餐饮原材料数量众多，为了防止这些物品被盗，酒店一般都制定了对下班员工携带挎包的检查制度。这一制度对于防止内部盗窃行为的发生具有重要意义，保安人员必须认真执行。在执行检查时，要严格按照规定的程序进行，既要确保检查的彻底性，又要尊重员工的合法权益，避免引起不必要的纠纷。此外，任何物品出门都必须有“出门证”，这是酒店对物品出入管理的基本要求，保安人员要严格把关，确保每一件出门的物品都有合法的凭证，从而有效地防止酒店财物的流失。

（二）宾客人身安全保障

酒店作为一个公共场所，人员流动性大，任何人都可自由出入，这就增加了安全管理的难度。在这种情况下，保安人员必须具备灵敏的洞察能力，善于从众多人员中发现可疑人员，识别和防范潜在的危险。对于酒醉滋事或其他作案者，保安人员要能够当场制伏并解决问题。这就要求保安人员不仅要有敏锐的观察力，还要具备一定的身体素质和搏斗擒拿技能。在面对突发情况时，保安人员能够迅速采取行动，控制局面，确保宾客的人身安全不受侵害。例如，当遇到醉酒客人在酒店内大声喧哗、打砸物品甚至对其他宾客进行骚扰时，保安人员要能够及时赶到现场，采取有效的措施制止其行为，避免事态进一步恶化。在深夜，宾客的防范意识相对较低，保安人员对楼层过道的巡视工作就显得尤为重要。要加强对楼层的巡逻，及时发现和处理各种异常情况。对于未紧闭房门的宾客，保安人员要主动上前劝告，并协助其关闭房门，防止宾客的财物被盗以及人身受到伤害。这一细节既体现了酒店对宾客安全的关怀，也有效地降低了安全风险。

（三）酒店停车处车辆管理

除了上述的财产和人身安全保障职责外，保安部门还承担着管理酒店停车处车辆的重要任务。酒店停车处的车辆安全同样直接关系到宾客的利益和酒店的声誉。保安部门的主要责任是防止车辆被盗或被人故意毁损。酒店一般会收取一定的停车费，这是酒店为宾客提供停车服务的一种合理收费。在收取停车费时，保安部门必须交付有税务印章的正规收据，这既是酒店合法经营的体现，也是对宾客权益的一种保障。保安部门对收取的停车费不能挪作他用，而应全额上交财务部门作营业外收入处理。这一规定确保了酒店财务管理的规范性，避免了资金的滥用和流失。同时，也体现了酒店对保安部门工作的监督和管理，保证了酒店各项收入的合理分配和使用。

第二节　其他行政经济业务的核算

一、酒店工程维修费用的核算

工程部门向酒店总仓库领用的各种维修器材，应设置保管账，由专人监管，按各种器材的品名数量设户、登记收入、付出和结存。从仓库领出的器材，根据领料单存根联登记收入账，维修耗用的器材，根据维修施工单（表6-1）登记付出账。月度终了，应编制维修器材收付结存月报表（表6-2），连同全部维修施工单的财务联交由财务部门，据以记账和对账。

表 6-1　维修施工单

年　月　日

维修部门		维修项目			
材料消耗					
品名及规格		单位	数量	单价	金额
维修完工验收签证		工程部	负责人：		维修人：

6-2　维修器材收付结存月报表

年　月　日

品名及规格	单位	上月结存			本月收入			本月付出			本月结存			备注
		数量	单价	金额	数量	单价	金额	数量	单价	金额	数量	单价	金额	

财务部门对工程部门所领用的维修器材，作移库处理并设置分品种、数量、金额的明细账核算。根据工程部向总仓库领用器材的领料单登记收入账，按工程部交来的维修施工单耗料记录登记付出账，并分配给各接受维修的部门，列作修理费处理。

例如，工程部门向总仓库领用维修器材一批计 6580 元。

作如下分录：

借：物料用品——工程部（分品名）　　6580

　　贷：物料用品——总仓库（分品名）　　6580

二、酒店自办员工食堂的核算

酒店自办员工食堂一般采用以下管理模式：一是食堂的厨房、膳堂与餐厅分开，并单独核算。二是食堂设置主管 1 人、专职或兼职会计 1 人、专职出纳兼售餐票 1 人、专职或兼职采购员 1 人。其余厨师、服务人员、打杂人员根据用餐人数配备。保管员可指定一名服务员兼任。食堂人员的工资，原则上由酒店在管理费用中列支。三是食堂开办时增加的设备，如不锈钢柴油灶、冰柜等设施，纳入酒店固定资产管理范畴，不向食堂摊分折旧费用。四是食堂开办时购置餐具等用品，列作酒店的长期待摊费用，不向食堂分摊。但开办后陆续补充的餐具等用品，由食堂开支。五是食堂开办时，由酒店核拨一定数额的周转金作为食堂的铺底资金。待食堂运作正常后，所借用周转金应逐渐交还财务部门。六是酒店每月发放职工的工作餐费，按核定用餐次数，以现金支付。七是食堂发行能循环使用的纸质或塑料的各种面值的餐票，可让员工用现金向食堂出纳员购买。出纳员每天应根据所售出的餐票和收到的现金，编制食堂餐票销售日报表交会计做账。食堂供膳收回的餐票，经两人以上共同清点后，填写食堂供膳收回餐票日报表，并经出纳员签收后交会计入账。食堂属非营利的职工福利部门，原则上应做到收支平衡，如有过多利润，很可能是降低菜肴质量或抬高价格造成的。故应本着“取之于民，用之于民”原则，以后采取加餐、加菜或降低菜肴价格等方式返还用膳职工。

有关食堂的会计核算，由财务部门和食堂分别进行。举例并作分录如下：

第一，财务部门有关食堂的核算。例如，购入食堂柴油灶、冰柜等设施 125000 元，以银行存款支付。

借：固定资产（分品名）　　125000

　　贷：银行存款　　125000

第二，食堂的会计核算。

首先，食堂设置一级会计科目（表 6-3）。

表 6-3　食堂会计科目表

科目名称	有关说明
（一）资产类	
库存现金	
银行存款	
应收款	各种应收款项，应分明细户名登记
原材料	原材料购进直接在“膳食支出”账户核算，月末盘存的原材料在本账户反映
库存餐票	为食堂已发行投入供膳使用的有价票券，第一次收入数额应等于发行数额
（二）负债类	
应付款	包括酒店拨来周转金，以及结欠供货商货款等，应分户明细核算
餐票发行	为库存餐票的来源科目，发行数应与收到餐票数相符
（三）权益类	
利润	为膳食收入减膳食支出的差额，如为亏损在借方反映
（四）损益类	
膳食收入	为供应饭菜食品收回的餐票数额，属食堂的收入
其他收入	膳食收入以外的收入，如出售废包装箱、泔水等收入
膳食支出	为全部供应膳食的原材料等支出
其他支出	膳食支出以外的各种支出

第二，核算举例和会计分录。例如，收到酒店拨来周转金 10000 元。

借：银行存款　　10000

　　贷：应付款——酒店拨来周转金　　10000

三、酒店证券投资的核算

酒店如果有较多的闲置货币资金，也可从事一些证券投资活动，获得一定的经济效益。证券投资包括可以随时变现的股票、债券等投资，现就股票投资略作阐述。证券投资的成本决定入账价值，取得证券投资支付的全部价款，包括交易费便是入账成本。为了核算和监督酒店证券投资的损益情况，应设置“可供出售金融资产”“可供出售金融资产减值准备”“投资收益”“资产减值损失”等账户。例如，酒店购入甲公司A股股票10000股，每股15元，交易费1200元，购进成本总额151200元，以银行存款支付。3个月后，适逢“牛市”，该项股票价值上升至每股20元，抛售后的价款总额200000元，扣除交易费1600元，实际收入198400元，存入银行。作分录如下：

①股票购入时：

借：可供出售金融资产——成本	151200	
贷：银行存款		151200

②股票抛售后：

借：银行存款	198400	
贷：可供出售金融资产——成本		151200
投资收益		47200

资产负债表日可供出售金融资产价值的反映方法有三种：历史成本法、价值变动法、提取减值准备法。

历史成本法是指证券投资从入账到出售变现，均不调整其账面价值的方法。即资产负债表日，可供出售金融资产是按账面历史成本反映。使用这种方法，企业会计期间损益计量比较客观，财务操作方便，可以避免证券尚未出售时产生虚假损益状况。在股市价格变化不大、证券投资额较小的情况下，不会构成大的问题。如果此项证券投资金额较大、市场价格变动很大，而资产负债表日的可供出售金融资产仍按账面历史成本反映，便不能体现企业资产的现有价值，失去会计信息的真实性，会导致决策失误。

价值变动法是指资产负债表日，可供出售金融资产按当时市场价值反映的方法。由于股市价格波动频繁，市场价与成本价之间的差额属尚未实现的收益或损失，所以只调整可供出售金融资产的账面成本价值，不列作投资收益或资产减值损失，其差价在“资本公积”账户核算。对已确认的减值损失，可以列作资产减值损失，在随后会计期间内，如果其公允价值回升，则将已列作减值损失冲回。价值变动法既反映可供出售金融资产现有价值，又不会因短时间的市场价格变动形成尚未实现的收益或损失，符合真实性和谨慎性原则，能较好地满足资产负债表使用者对正确会计信息的需要。例如，酒店原先购入甲公司A股股票10000股，每股12元，计120000元，另支付交易费960元，其账面成本总额为120960元。资产负债表日，该项股票每股上升至15元，升值总额30000元[（15−12）×10000]。作分录如下：

借：可供出售金融资产——公允价值变动　　30000

　　贷：资本公积——其他资本公积　　30000

提取减值准备法是指资产负债表日，按已确认的可供出售资产减值损失提取减值准备的方法。应设置“可供出售金融资产减值准备”账户核算。提取时，借记“资产减值损失”账户，贷记“可供出售金融资产减值准备”账户。通常资产负债表反映的可供出售金融资产项目的金额减去可供出售金融资产减值准备项目的余额，便是可供出售金融资产的现有价值。如果可供出售金融资产升值，则不作账面调整，仍按成本价值反映。如果当期可供出售金融资产公允价值高于成本金额，应将已计提的减值准备全部冲回。提取减值准备法只反映减值不反映升值，虽然符合谨慎性原则，但当证券价值大幅上扬时，可供出售金融资产的账面价值便失去真实性，从而对企业的财务管理和经济决策不利。例如，酒店原购入丙公司A股股票10000股，账面成本为100800元，资产负债表日的市值为90000元，经确认减值损失10800元。作分录如下：

借：资产减值损失　　10800

　　贷：可供出售金融资产减值准备　　10800

第三节　酒店行政管理业务会计核算

一、酒店职工薪酬的核算

职工薪酬就是企业在职工在职期间和离职后提供的全部货币性薪酬和非货币性福利，包括提供给职工本人的薪酬，以及提供给职工配偶、子女或其他被赡养人的福利等[①]。这种全面的界定方式，充分体现了职工薪酬在保障职

① 周龙腾．酒店会计全流程演练[M]．北京：中国宇航出版社，2012：119.

工及其家庭生活、促进酒店与职工关系和谐稳定方面的重要作用。酒店职工薪酬主要包括以下几个方面：

第一，职工工资、奖金、津贴和补贴：工资作为职工薪酬的基础构成部分，是职工为提供劳动服务而获得的直接报酬，通常依据职工的工作岗位、技能水平、工作时长等因素确定。奖金则是对职工超额完成工作任务或取得突出业绩的一种激励性报酬，旨在激发职工的工作积极性和创造力。津贴和补贴则是为了补偿职工在特殊工作环境、工作条件下所付出的额外劳动或承受的特殊成本，如高温津贴、交通补贴等。

第二，职工福利费：这部分费用用于改善职工的工作和生活条件，增强职工的归属感和幸福感。其涵盖范围广泛，可能包括职工食堂补贴、职工宿舍管理费用、职工体检费用等，旨在为职工提供全方位的福利保障。

第三，社会保险费：企业需为职工缴纳医疗保险费、养老保险费、失业保险费、工伤保险费和生育保险费等社会保险费用。这些保险费用是职工社会保障体系的重要组成部分，为职工在面临疾病、养老、失业、工伤和生育等风险时提供了经济保障，有助于维护职工的基本生活权益。

第四，住房公积金：住房公积金制度是国家为解决职工住房问题而建立的一项长期住房储金制度。企业应按照规定比例为职工缴纳住房公积金，职工个人也需相应缴纳一部分。这部分资金可用于职工购房、建房、大修自住住房等，有效地缓解了职工的住房压力。

第五，工会经费和职工教育经费：工会经费主要用于工会组织开展各项活动，维护职工合法权益，促进企业与职工之间的沟通与协调。职工教育经费则用于职工的职业技能培训和教育提升，有助于提高职工的综合素质和业务能力，为企业的发展提供人才支持。

第六，非货币性福利：非货币性福利以实物、服务等形式为职工提供福利，如企业为职工提供的工作用车、免费工作餐、节日福利物品等。这种福利形式能够丰富职工的福利体验，增强职工对企业的认同感和归属感。

第七，辞退福利：当企业因解除与职工的劳动关系而给予补偿时，即构成辞退福利。辞退福利的支付标准和方式通常依据相关法律法规和企业内部规定确定，旨在保障职工在失去工作后的基本生活需求。

第八，其他与获得职工提供的服务相关的支出：除上述明确列举的项目外，企业在获取职工提供的服务过程中，还可能产生其他与职工薪酬相关的支出，如为职工支付的商业保险费用、职工疗养费用等。这些支出虽然形式多样，但均与职工提供的服务密切相关，应纳入职工薪酬的范畴进行核算和管理。

酒店应付职工薪酬的核算不仅关乎酒店员工的切身利益，还对酒店的财务管理和整体运营有着深远影响。酒店的工资构成形式丰富多样，通常涵盖计时工资、计件工资、奖金等多个项目，而在其中，计时工资无疑占据着工资体系的主体地位。

计时工资是一种依据劳动者工作时长来计算报酬的方式，在酒店行业有着广泛的应用。它主要分为月工资制、日工资制和小时工资制这三种类型，每种类型都有其独特的计算规则和适用场景。

月工资制是酒店较为常见的一种工资计算方式，在这种制度下，企业会预先制定一个月应付职工的标准工资数额。这个标准工资是基于多种因素综合考量后确定的，如员工的岗位性质、技能水平、工作经验以及市场薪酬水平等。在实际执行过程中，如果职工出现缺勤情况，酒店会按照既定的规则从标准工资中扣除相应的缺勤工资。例如，员工因个人原因请假，酒店会依据请假的天数和日工资标准进行扣款，最终发放给员工的工资就是扣款后的实际金额。这种制度有利于酒店进行长期的人力资源规划和成本控制，同时能为员工提供相对稳定的收入预期。

日工资制是按照员工的出勤天数乘以日标准工资来计算应付工资。日标准工资通常是根据月标准工资除以当月的计薪天数得出的。在酒店行业，一些临时性岗位或者工作性质较为灵活的岗位，常常采用日工资制。比如，酒店举办大型活动时临时招募的服务人员，他们的工作时间不固定，按照日工资制可以更准确地计算他们的劳动报酬，既保证了员工的利益，又便于酒店进行成本核算。

小时工资制是依据小时工资标准和员工实际工作的小时数来计算工资。小时工资标准一般是通过将日工资标准除以日法定工作时数来求得。在一些对工作时间要求较为精确的岗位，如酒店的客房清洁人员，他们的工作任务通常以小时为单位进行安排，采用小时工资制可以更精确地衡量他们的工作量和劳动价值。

在实际的酒店管理中，为了充分调动职工的工作积极性，提高酒店的服务质量和运营效率，酒店往往会采取灵活多样的薪酬组合方式。其中，将计时工资和奖金制相结合是一种常见且有效的做法。奖金可以根据员工的工作表现、酒店的业绩目标完成情况等因素进行发放，员工为了获得更高的奖金，会更加努力地工作，积极为酒店创造价值。此外，将计时工资和计件工资结合起来也是一种不错的策略。例如，在酒店的餐饮部门，厨师除按照计时工资获得基本报酬外，还可以根据他们完成的菜品数量或质量获得计件工资，这种薪酬模式既保证了员工的基本收入，又能鼓励他们提高工作效率和工作质量，从而获得额外的绩效工资。

二、酒店办公费的核算

在酒店的日常运营中，行政经济业务的核算至关重要，其中酒店行政管理部门的办公费核算更是不容忽视。酒店行政管理部门的办公费涵盖多个方面：①文具用品。如笔、笔记本、文件夹等，这些都是行政人员日常工作中必不可少的工具，用于记录重要信息、整理文件资料。②信纸信封。信纸信封也是办公费的一部分，酒店在进行对外沟通、寄送文件时，信纸信封能体现酒店的形象与专业性。③电脑打字、复印耗材。随着办公自动化的普及，打印机、复印机的使用频率极高，相应的墨盒、硒鼓、纸张等耗材的消耗量也很大。④财务账表凭证以及与银行办理结算的支票等表单。财务账表凭证以及与银行办理结算的支票等表单是酒店财务工作顺利开展的基础，准确记录每一笔收支、保障资金安全都离不开它们。⑤各种纸张。如普通打印纸、彩色纸等，在行政办公的各个环节都有广泛应用。⑥税务空白发票等。税务空白发票具有特殊重要性，它是酒店进行税务申报、财务结算的重要依据。⑦书报费。书报费是为了让行政人员及时了解行业动态、政策法规等信息，为酒店的决策提供参考。需要注意的是，酒店各业务部门营业用表、报账单等印刷品数额巨大，若在办公费中核算，会导致数据不准确、不清晰。因此，大批印刷品由仓库验收后，应按物料用品入账。各部门陆续领用时，依据领料单计入各部门销售费用的物料消耗项目，这样的核算方式更为合理，能准确反映各部门成本，有助于酒店进行成本控制和绩效评估。办公费支出举例分录如下：

例 1：购入文具用品 85 元，以现金支付。

借：管理费用——办公费	85
贷：库存现金	85

例 2：批量办公用品收到时，由仓库验收入库，现购入文具用品 1250 元以银行存款支付。

借：物料用品　1250

贷：银行存款　1250

三、酒店差旅费的核算

酒店的差旅费主要指工作人员因公出差的旅费；采购员、业务员的市内交通费、午餐费；以及酒店自用车辆的各项支出。目前酒店尚无统一的差旅费开支标准。有些酒店结合本企业实际情况制定有关差旅费开支规定，一般包括以下内容：①乘坐车船等交通工具的等级标准；②在外伙食补助标准；③住宿费开支标准；④市内交通费、午餐费开支标准。有的酒店根据当地财政部门公布的差旅费开支规定，结合本企业具体情况，对差旅费开支制定了一些规定。例如：规定未经总经理批准不得乘坐飞机；乘坐火车、轮船的等级标准是总经理及董事会成员火车坐软席，轮船乘二等舱，副总经理以下人员火车坐硬席，轮船乘三等舱；住宿费与伙食补助按规定每天的标准混合包干，而且分为一般地区和特区两种不同的标准；出差人员到达目的地的市内交通费按每人每天若干元包干列支等比较详细和合理，对控制差旅费开支有一定作用。工作人员出差，可按旅途长短和约计在外时间，借支一定数额的备用金。回店 3 天内向财务部门办理报销手续，所借余款交还，超过照补。差旅费有关举例和分录如下：

例 1：业务员李欣借出差旅费 2000 元。

借：其他应收款——李欣　2000

贷：库存现金　2000

例 2：李欣回店报销 1850 元，交还余款 150 元。

借：管理费用——差旅费　1850

库存现金　150

贷：其他应收款——李欣　2000

思考与练习

1. 简述酒店总经理在酒店整体运营中的核心职能，并举例说明其如何协调各部门以实现酒店战略目标。

2. 某酒店员工工资包括基本工资、绩效奖金与福利补贴，请设计其薪酬核算的会计分录。

3. 某五星级酒店拟优化行政管理流程，请结合本章内容，分析各部门职能协同中可能存在的矛盾点（如财务部门与工程部门的预算冲突）。设计一套行政管理业务会计核算的标准化流程，并说明其对酒店成本控制的意义。

第七章　酒店会计分析、查账与技巧

在酒店行业蓬勃发展的当下，高效的财务管理与精准的会计操作成为酒店稳健运营与持续盈利的关键支撑。酒店会计工作不仅涉及日常的资金收支记录，更涵盖了深入的分析、细致的查账以及灵活的账务处理技巧，这些环节相互关联、相辅相成，共同构成了酒店财务管理的核心体系。本章重点对酒店会计进行分析，并且将详细论述酒店会计查账、酒店会计账务技巧。

第一节　酒店会计分析

会计分析包括：会计报表分析、预测分析和决策分析。会计报表分析旨在深化对报表数据的理解，通过细致分析、比较、评价及解释，确保报表信息在企业决策中发挥关键作用。预测分析依据客观信息资料，运用科学方法和技术，预测并推断事物发展的可能性及趋势；它基于历史与现状，旨在揭示未来的不确定性，为未知事物提供合理解读。决策分析涉及企业在多个可行方案中，甄选最优路径以实现既定目标。正确的决策能使企业起死回生和兴旺发达；错误的决策往往会使企业陷入困境甚至破产倒闭。

一、酒店的会计报表分析

（一）酒店会计报表分析的意义

酒店会计报表分析的意义有以下几个方面：

第一，评价企业财务状况和经营决策，揭示企业经营活动存在的矛盾和问题，为改善经营管理提供方向和线索。

第二，预测未来的收益和风险，为企业的投资人、管理者决策提供帮助。

第三，检查企业预算完成情况，考核经营管理人员业绩，为完善合理的激励机制提供帮助。

（二）酒店会计报表分析的内容

酒店会计报表分析主要有以下内容：

第一，分析企业的偿债能力、权益结构，并评估债务资金的利用效率。

第二，评估企业资产营运能力，分析资产分布及周转情况，考核资金利用成效。

第三，评价企业的盈利能力，预测企业盈利前景。

（三）酒店会计报表分析的步骤

酒店会计报表分析主要有以下步骤：

第一，明确分析目标，选定具体分析项目。

第二，收集有关资料信息。

第三，依据分析目标及选定项目，采用科学方法进行比较分析，揭示会计报表数据间的内在联系。

第四，总结分析结果，为企业提供决策信息。

（四）酒店会计报表分析的方法

酒店会计报表的分析方法主要有比率分析法和趋势分析法两种。比率分析法是用同一期会计报表上有关项目的数额互相比较，计算出比率，借以评价和说明企业财务状况和经营成果。趋势分析法则是根据企业连续几期的会计报表所列数额，比较其前后的增减变动，分析企业财务、经营上的变化和趋势。

1. 比率分析法

比率分析法可分为三大类：反映偿债能力的比率、反映经营能力的比率和反映盈利能力的比率。

（1）反映偿债能力的比率

第一，流动比率。其计算公式为：

$$流动比率=\frac{流动资产}{流动负债} \tag{7-1}$$

较理想的流动比率是 2∶1，一般是流动比率越高，偿债能力越强。

第二，速动比率，也称为酸性测试比率，是衡量企业速动资产与流动负债的比率，用以反映企业流动资产中可以立即变现用于偿还流动负债的能力。其计算公式为：

$$速动比率 = \frac{流动资产 - 存货}{流动负债} \tag{7-2}$$

速动比率越大，其偿债能力越高。较理想的比率为 1∶1。

第三，现金比率。这一比率的现金含义是现金及现金等价物。其计算公式为：

$$现金比率 = \frac{现金}{流动负债} \tag{7-3}$$

现金比率可显示企业立即偿还债务的能力。

（2）反映经营能力的比率

第一，应收账款周转率。其计算公式为：

$$应收账款周转率 = \frac{赊销净额}{应收账款平均余额} \tag{7-4}$$

上式中：

$$赊销净额 = 销售收入 - 现金收入 - 销货退回、折让、折扣 \tag{7-5}$$

$$应收账款平均余额 = \frac{期初应收账款余额 + 期末应收账款余额}{2} \tag{7-6}$$

应收账款周转率越高，显示出应收账款的回收速度越快。

考察应收账款回收速度快慢，还可利用应收账款周转天数指标。其计算公式为：

$$应收账款周转天数 = \frac{365(天)}{应收账款周转率} \tag{7-7}$$

第二，存货周转率。其计算公式为：

$$存货周转率 = \frac{销售成本}{存货平均余额} \tag{7-8}$$

$$存货周转天数=\frac{365(天)}{存货周转率} \quad (7-9)$$

上式中：

$$存货平均余额=\frac{存货期初余额+存货期末余额}{2} \quad (7-10)$$

存货周转率越高，表明存货的周转速度越快，从而减少了存货对资金的占用。

第三，流动资产周转率（又称流动资产周转次数）。其计算公式为：

$$流动资产周转率(周转次数)=\frac{销售收入净额}{流动资产平均余额} \quad (7-11)$$

$$流动资产周转天数=\frac{365(天)}{流动资产周转率} \quad (7-12)$$

上式中：

$$流动资产平均余额=\frac{流动资产期初余额+流动资产期末余额}{2} \quad (7-13)$$

流动资产周转次数越快，意味着企业能够更有效地利用资金，从而节约更多的资金。

第四，总资产周转率（又称投资周转率）。其计算公式为：

$$总资产周转率=\frac{销售收入净额}{总资产平均余额} \quad (7-14)$$

上式中：

$$总资产平均余额=\frac{期初总资产额+期末总资产额}{2} \quad (7-15)$$

总资产周转率越高，显示出企业投资所发挥的效率越高，资金利用效果越好。

（3）反映盈利能力的比率

第一，销售毛利率。其计算公式为：

$$销售毛利率=\frac{销售毛利额}{销售收入}\times 100\% \quad (7-16)$$

$$销售毛利额=销售收入-销售成本 \quad (7-17)$$

第二，销售利润率。其计算公式为：

$$销售利润率=\frac{净利润}{销售收入}\times 100\% \quad (7-18)$$

第三，投资报酬率。其计算公式为：

$$=\frac{销售收入}{总资产平均余额}\times\frac{净利润}{销售收入}\times 100\% \quad (7-19)$$
$$=资产周转率\times 销售利润率$$

（4）所有者权益报酬率。其计算公式为：

$$所有者权益报酬率=\frac{净利润}{所有者权益平均余额}\times 100\% \quad (7-20)$$

$$所有者权益平均余额=\frac{所有者权益期初余额+所有者权益期末余额}{2} \quad (7-21)$$

所有者权益比率越大，投资者投入的资本获利能力越强。

2. 趋势分析法

会计报表分析如果只分析一个会计期间的报表，往往不够全面。因为一个期间的会计报表数据会受偶然事件的影响，不能完全代表企业的过去和未来。趋势分析法是通过若干个会计期间的会计报表进行分析，有一定的代表性，能揭示企业的发展趋势。趋势分析法主要采用百分率，故又称百分率分析法。趋势分析法主要分为横向分析法和纵向分析法两种。

横向分析法：亦称多期比较分析法或水平分析法，通过对连续几个会计年度的会计报表进行深入研究，逐一比较各项目，探究变化原因及其对企业未来的潜在影响，从而揭示企业财务状况与经营成果的发展趋势。比较年度一般为 3 ~ 5 年。

纵向分析法：又称结构百分比法、垂直分析法，是指把常规会计报表数据换算成结构百分比，然后将不同年度的会计报表数据逐一比较，查明某些特定项目在不同年度间百分比的变化情况，并进一步判断企业财务状况和经营成果的发展趋势的分析方法。

二、酒店的预测分析

（一）预测分析概述

预测分析是依据客观现象的数据资料，采用科学方法预测和推断事物发展的必然趋势或可能性；简而言之，它是基于过去和现在的信息，对未来进行预估，由已知条件推断未知结果的过程。

1. 酒店预测分析的内容

销售预测：通过对有关资料的分析研究，先预计和测算某项经营项目在一定时期内的市场销售量水平及变化趋势，进而预测本企业未来销售量过程。

利润预测：在销售预测的基础上，根据企业未来发展目标和相关资料，预计未来可望实现利润水平及变动趋势的过程。

成本预测：依据未来发展目标和相关资料，采用专门的方法，预估企业未来的成本水平及其发展趋势。

资金预测：基于销售预测、利润预测和成本预测，结合企业未来经营发展目标，采用特定方法，预测企业未来一定时期或项目所需的资金数额、来源、运用方向及其效果。

2. 酒店预测分析的步骤

确定预测对象：预测分析的前提，它决定了分析的内容、范围、目的和方法，从而确保测算工作有针对性地进行。

收集整理资料：预测对象确定后，应收集尽可能多的相关经济信息，并进行整理、归纳并找出与测算对象有关的各因素之间的相互依存关系。

选择预测方法：针对不同的预测对象和内容，选择不同的预测方法，进行定量定性分析。

分析判断检查验证和修正：按选择的预测方法，对预测对象进行预测。取得预测结果后，将本期实际发生数与前期预测数进行比较，计算并分析差异，以便对本期预测加以修正。

报告预测结论：将修正后的预测结论，通过报告形式向企业有关领导报告。

3. 酒店预测分析的方法

（1）定量分析法

定量分析法又称数量分析法，是指运用现代数学方法，对有关的数据资料进行加工处理，据以建立能反映有关变量之间规律性联系的各类预测模型方法体系。定量分析法可细分为趋势外推分析法和因果预测分析法两类。

第一，趋势外推分析法。趋势外推分析法又称时间系列分析法，即根据某项指标按时间顺序排列的历史数据，运用算术平均法、移动平均法、趋势平均法、平滑指数法等具体方法进行分析计算。

第二，因果预测分析法。因果预测分析法依据的是预测指标与其他相关指标间相互依存、相互制约的规律性联系。例如，轮胎与汽车、面料、辅料与服装、皮革与皮鞋、水泥与建筑之间存在依存关系，而且都是前者的销售量取决于后者的销售量，必须收集跨行业、跨部门的市场信息才能采用回归分析等方法来推断前者的预计销售量。由于酒店行业不存在类似经济业务，故本书对这一预测方法的举例从略。

（2）定性分析法

定性分析法又称非数量分析法，是指由熟悉情况和业务的人员，根据个人经验进行分析判断，各自提出初步意见，然后以会议研究形式，综合分析和补充修正，再得出预测结论。

（二）酒店销售预测分析

现代市场经济下，酒店经营活动与产品销售紧密相连。销售预测在企业预测中占据先导地位，对利润、成本、资本预测及长短期决策均至关重要。销售预测方法分为定量分析和定性分析两类，前者包括趋势外推分析法和因果预测分析法，后者则涵盖判断分析法和产品寿命周期推断法。以下根据酒店行业经营特点主要介绍定量分析法的趋势外推分析法如下 .

1. 平均分析法

依据特定预测对象的历史销售量资料，通过计算平均值来预测未来销售量。

（1）算术平均法

算术平均法又称简单平均法，是通过若干期（*n* 期）的销售量的算术平均数作为销售预测数的一种方法。计算公式如下：

$$销售预测数\left(\overline{Q}_{n+1}\right)=\frac{各期销量之和}{期数}=\frac{\Sigma Q}{n} \tag{7-22}$$

该方法优点是计算简便，但预测误差较大，仅适用于业务量稳定的产品。

（2）移动平均法

移动平均法是选定一个观察期，预测下期按上期 m 期的平均数。例如，选定观察期为 3 月，预测 4 月用 1 月、2 月、3 月数值之和除以 $(m)3$ 求得，预测 5 月则用 2 月、3 月、4 月数值除以 $(m)3$ 求得，以此类推。

（3）加权移动平均法

加权移动平均法是对各期的销售量按近大远小的原则确定其权数，并据以计算加权平均销售量的方法。其公式为（权数以 W_t 表示）：

$$销售预测数\left(\overline{Q}\right)=\frac{\sum 某期销售量\times 该期权数}{各期权数之和}=\frac{\sum\left(Q_tW_t\right)}{\sum W_t} \quad （7-23）$$

权数通常采用自然数 $1,2,3,4,\cdots,n$ 的顺序作为确定各期权数值。例如，第 1 期的权数等于 1，第 2 期的权数等于 2……第 n 期的权数等于 n，以此类推。

（4）平滑指数法

平滑指数法，是在前期销售量的实际数和预测数的基础上，利用事先确定的平滑指数（用 a 表示）为权数，预测未来销售量的一种方法。其计算公式为：

$$销售量预测数\left(\overline{Q_t}\right)=平滑指数\times 前期实际销售量+（1-平滑指数）\times 前期预测销售量=a\cdot Q_{t-1}+\left(1-a\right)\cdot\overline{Q_{t-1}} \quad （7-24）$$

平滑指数是一个经验数据，它具有修正实际数所包含的偶然因素对预测值影响的作用。一般取值在 0.3 ～ 0.7 之间。如平滑指数增大，意味着近期实际数据在预测结果中的权重增加；反之，平滑指数减小，则近期实际数据对预测结果的影响减弱。因此，选择较大的平滑指数，能够使平均数更好地捕捉观察值的近期变化趋势；而选择较小的平滑指数，则平均数更能体现观察值的长期变动趋势。因此，当销售量波动显著或需要短期预测时，倾向于选择较大的平滑指数；而当销售量相对稳定或需要长期预测时，则更适合选择较小的平滑指数。

2. 修正时间序列回归法

修正时间序列回归法是通过分析一段时期内销售量与时间函数关系，来建立回归模型并据此进行预测的方法。销售量与时间之间的依存关系可用一元回归直线表达：

$$Q=a+bt \quad （7-25）$$

回归系数a、b的计算公式为：

$$a=\frac{\sum Q-b\sum t}{n} \tag{7-26}$$

$$b=\frac{n\sum tQ-\sum t\cdot\sum Q}{n\sum t^2-\left(\sum t\right)^2} \tag{7-27}$$

由于时间变量t是一个等差时间序列，因此可以利用这一特点，对时间值进行修正，简化回归系数a、b的计算公式，即$\sum t=0$则以上计算公式可以简化为：

$$a=\frac{\sum Q}{n} \tag{7-28}$$

$$b=\frac{\sum tQ}{\sum t^2} \qquad Q=a+bt \tag{7-29}$$

当实际观测次数n为奇数时，将0置于所观测期的中央，其余上下各期的t值均以 ±1 的级差增减，则各级观测期的时间变量t值应分别为$\cdots,-3,-2,-1$，$0,1,2,3,\cdots$

当实际观测次数n为偶数时，将 −1 与 +1 置于所有观测期的当中上下两期，其余上下各期的t值均以 ±2 的级差增减，则各观测期的时间变量t值应分别为$\cdots,-5,-3,-1,1,3,5,\cdots$

（三）酒店利润预测分析

1. 酒店目标利润的预测分析

目标利润是酒店在未来一段时间内，经过努力应该达到所需求的最优目标。目标利润的计算公式为：

目标利润 = 销售量 × 单位销售价 ×（1− 税率）− 销售量 × 单位变动费用 − 固定费用 （7−30）

从以上公式可以清楚得知，影响目标利润完成的四个因素：①销售量的增减变化；②销售单价的增减变化；③单位变动费用的增减变化；④固定费用的增减变化。各因素影响利润的结果也不一致，有的因素增长会导致利润增长（如销售量、销售单价），有的因素增长却会导致利润下降（如单位变动费用、固定费用）。根据以上目标利润计算公式，将各个因素逐项整理，得出有关计算公式，可以预测实现目标利润的条件。

2. 经营杠杆系数在利润预测中的应用

在单位售价、单位变动费用、固定费用不变条件下，销售业务量一定程度的变动，会使利润以更大的幅度变动。这种变动率大于业务量变动率现象称为经营杠杆效应。产生这种效应的原因是当产销量上升时，因单位固定费用成反比例变动，而使单位利润相对变动，导致利润的增长率大于产销量的增加率；反之，产销量下降时，单位固定费用上升，导致利润的降低率大于产销量的降低率。

经营杠杆系数（DOL）是利润变动率相当于产销量变动的倍数。其理论计算公式为：

$$经营杠杆系数=\frac{利润变动率}{产销量变动率} \tag{7-31}$$

（四）酒店成本预测分析

成本是考核企业经营状况的重要指标。通过成本预测，可以使企业掌握未来成本水平和变动趋势，有利于加强企业成本管理，为成本决策和实施成本控制提供依据。

酒店的成本通常仅包括餐饮部门和商场部门的营业成本。其中，餐饮部门的成本与工业企业的成本有所不同，主要体现为餐饮成本仅涵盖原材料和辅料的消耗，而不包括工资和其他费用。所以，预测餐饮的成本，实质上是预测餐饮消耗原材料的成本。

餐饮成本预测主要采用目标成本法，该方法是在确保餐饮目标毛利额实现的基础上，确定合理的成本率。餐饮的成本率计算公式为：

$$销售收入-毛利额=原料成本 \tag{7-32}$$

$$原料成本率=\frac{原料成本}{销售收入}\times 100\% \tag{7-33}$$

预测的方法，是事先制定餐饮的目标销售额和目标毛利额，然后按以下公式计算：

$$目标成本额=目标销售额-目标毛利额 \tag{7-34}$$

$$目标成本率 = \frac{目标成本额}{目标销售收入} \times 100\% \tag{7-35}$$

（五）酒店资金预测分析

企业通过资金预测，可以使企业保证资金供应，并合理运用资金，不断提高资金的运用效益。

销售百分比法是一种预测资金需求的工具，它通过分析企业资产负债项目及其他相关因素对资金的影响，来预测未来所需追加的资金量。其基本公式为：

$$\Delta F = K \cdot (A - L) - D - R + M \tag{7-36}$$

上式中字母所代表的内容：

ΔF 为预计未来需要追加的资金数额；

K 为未来销售收入增长率；

A 为随销售额变动的资产项目基期数额；

L 为随销售额变动的负债项目基期数额；

D 为计划提取的折旧摊销额而与同期用于更新改造的资金差额；

R 为按计划期销售收入及基本期销售净利润率计算的净利润预计发放股利（或支付分配利润）的差额；

M 为计划期新增的零星开支数额。

三、酒店决策分析

（一）决策分析概述

决策分析是在充分考虑各种可能的前提下，对未来实践的方向、目标、原则和方法作出决定的过程；也就是针对企业未来经营活动所面临的问题，由各级管理人员作出有关未来经营战略、方针、目标、措施与方法的过程。例如，企业通过预测，可以知道未来年度能达到的销售水平和目标利润，但是目前尚有较大的差距。因此，各级管理人员可以提出各种改进方案，供企业领导分析、筛选出最终决策付诸实施。企业的经营，往往由于管理者的正确决策而兴旺发达；也会由于错误决策而陷入困境。所以，正确决策对企业的生存与发展至关重要。

决策是面向未来，而未来有许多不确定因素，故良好的预测是决策的基础，是决策科学化的前提，是决策规划的依据。

1. 决策的分类

（1）战略决策与战术决策

战略决策是关系到企业未来发展方向、方针的全局重大决策；战术决策是为达到预期的战略决策目标，对日常经营活动所采用方法与手段的局部性决策。

（2）确定型、风险型、不确定型决策

确定型决策是有关因素都能确定和已知的，不含不确定因素，故决策较为容易。风险型决策是有些条件虽然已知，但存在各种变动趋势，决策方案会出现多种结果。不确定型决策是决策者对未来的情况不完全知道，或者虽然知道将会出现几种结果，但不知道出现的概率。

2. 短期决策与长期决策

短期决策一般是指 1 个年度内能够实现的决策；长期决策是指在较长时期（超过 1 年）才能实现的决策。酒店一般适用短期决策（如生产经营、定价等决策）。但是，由于酒店的经营特点之一是必须保持一切设施和环境豪华、美观和舒适，才能有效地招徕宾客。因此，一般 3 年左右便要推陈出新大范围地更新改造和装修。其投资额虽不会像房地产业、大型厂矿那样巨大和很长时间才能收回，但每次付出的装修改造费用并不是小数目，通常需要两三年才能收回。所以，酒店虽适用短期决策，但在如此大额支出方面又有长期决策性质，对现付资金存在货币时间价值，要考虑现值、终值的复利成本。

3. 短期决策的内容分析

短期决策通常涉及一系列关键的商业选择，这些选择包括但不限于新产品开发的决策过程、经营项目的评估与选择、经营方式的策略调整、亏损项目的存废决策，以及产品定价和价格调整的决策。这些决策往往需要在较短的时间内作出，以应对市场变化和企业运营中的紧迫问题。新产品开发决策需要考虑市场需求、技术可行性以及预期的回报率；经营项目的决策则需要评估项目的盈利潜力和风险程度；经营方式的决策可能涉及销售渠道的选择、生产流程的优化等；亏损项目的取消决策则需要权衡继续投入与及时止损的利弊；而定价和调价决策则需要根据市场供需关系、成本变化和竞争对手的定价策略来制定。这些决策的共同点在于它们都需要快速响应市场和内部环境的变化，以确保企业的竞争力和可持续发展。

4. 决策分析的主要程序

企业在经营活动中，决策过程同样是发现问题、分析问题和解决问题的过程，一般要经过以下步骤：①调查经营形势，明确经营中存在的问题；②确定决策的分析目标；③设计各种备选方案；④评价方案的可行性；⑤选择最优方案；⑥落实方案，做好信息反馈工作。

（二）影响短期经营决策的因素

影响短期经营决策有三大因素：相关业务量、相关收入和相关成本。

第一，相关业务量。相关业务量是指在短期经营决策中必须考虑的产量或销量。相关业务量直接影响相关收入和相关成本，应认真确定。

第二，相关收入。相关收入又称有关收入，要以特定决策方案的单价和销售量计算。

第三，相关成本。相关成本又称有关成本，即若有这个方案存在，就会发生这项成本。相关成本包括以下内容：①增量成本。增量成本又称差量成本，是指单一决策方案中，产销量增加一定数量后引起的相关变动成本增加额。②机会成本。机会成本指因选择某一方案而放弃另一方案后所丧失的被放弃方案的潜在收益，所以又叫机会损失。③专属成本。专属成本指那些明确归属于特定决策方案的固定成本和混合成本。④加工成本。加工成本指对半成品是否继续加工决策中的加工成本，是要考虑的追加变动成本。⑤可分成本。可分成本指联产品生产，对已分离的联产品进行继续加工而追加的变动成本。⑥可避免成本。可避免成本指发生与否，取决于该方案的选择与否。⑦可延缓成本。可延缓成本指对某些暂缓开支，不会对未来的生产经营产生重大不利影响的部分成本。⑧沉没成本。沉没成本指过去发生，而现时无法收回或不需补偿的成本。⑨共同成本。共同成本指应当由各个方案共同负担的固定成本或混合成本。⑩联合成本。联合成本指联产品在未分离前的生产过程所发生，应由联产品共同负担的成本。⑪ 不可避免成本。不可避免成本指与以上可避免成本相对立的成本。⑫不可延缓成本是与以上可延缓成本相对立的成本。

（三）短期经营决策的常用方法

第一，贡献边际分析法。贡献边际分析法是指根据各个方案贡献边际总额进行决策。

第二，差别损益分析法。差别损益分析法多用于两个相互排斥方案的取舍，如表7-1所示。该表为两种方案收入与成本之差。其绝对值大于零，则A方案优于B方案，如等于零，则A、B方案效益相同，如小于零，则B方案优于A方案。

表7-1 差别损益分析表

单位：元

项目＼方案	A方案	B方案	差异额（Δ）
相关收入	R_A	R_B	ΔR
相关成本	C_A	C_B	ΔC
差别损益			ΔP

第二节 酒店会计查账

酒店查账是根据会计凭证、账簿、报表以及有关经济资料，对企业各项经济活动的合法性、合理性、真实性等方面进行审查。查账是会计工作不可缺少的重要组成部分，认真做好查账工作，是为了更好地发挥会计工作的积极作用，具有重要意义。

一、查账与审计的关系

查账是审计的基础工作，任何种类的审计都离不开查账，审计和查账有着密切联系。通常所说查账是指查错揭弊、遏制假账而进行的经济监督，每个审计人员应灵活掌握一定的查账技巧与方法[①]。审计在查账的同时，还要审

① 张裕辉．审计过程中的查账技巧 [J]．农村财务会计，2018（12）：33.

查有关经济活动资料、经营管理状况、内部控制制度以及对经济活动的真实性和效益性进行评估和确认，对审计结果发表意见，出具审计报告。由此可见，查账与审计两者的性质有所不同，故查账并非就是审计。不过，在进行查账的实际工作中，除查错揭弊、遏制假账外，往往也要查明会计资料的真实性和合法性，以及检查内部控制制度完善情况、了解一切经济活动的效益性，并对存在的问题提出改进意见。其内容和目的与审计基本相似，故两者的性质有时也很难区分。审计的种类很多，一般分类如下。

（一）国家审计

国家审计又称政府审计。是指由国家审计机关，对国务院所属各部门和地方各级人民政府、国家财政金融机构、国有企业、事业单位、国家控股的股份公司的财务收支和经济活动的真实性、合法性、效益性依法进行监督，属于法定性和强制性。地方的财政、税务部门开展的查账工作均属政府审计性质。

（二）社会审计

社会审计又称民间审计或注册会计师审计。是指由依法成立的社会审计组织，如审计师事务所、会计师事务所等民间组织，接受委托对被审计单位的财务报表及其有关资料进行独立审查和鉴证，并出具审计报告；或者承办客户有关注册资金的验证，以及代理企业纳税申报、提供会计和管理咨询服务等业务。社会审计组织接受委托要按有关规定会收取一定的服务费用。

（三）内部审计

内部审计是指由企业内部设置的审计部门或专职审计人员如注册会计师、会计师对本企业及所属部门进行的审计活动。内部审计均应接受国家审计机关的业务指导和监督。内部审计部门应有独立性，不应隶属于其他职能部门，更不能隶属于财会部门。内部审计除了审计本单位会计资料进行审计监督外，还可对内部控制和生产经营等各方面的经济活动进行检查、分析和评价，以及开展经济效益审计，范围通常很广泛。但其审计报告主要供给内部管理部门使用，对外不起公证作用。

（四）其他分类

其他分类包括：全部审计、局部审计、事前事中事后审计、定期审计和不定期审计，就地审计和报送审计、法定审计和任意审计等。这些审计方式各有其特点和适用场景，例如，全部审计是对组织的全部财务活动进行全面检查，而局部审计则专注于特定领域或问题。事前审计着重于预防性检查，确保计划和决策的合理性；事中审计则关注执行过程中的合规性和效率；事后审计则对已完成的活动进行评价和总结。定期审计按照既定的时间表进行，而不定期审计则根据需要随时进行，以应对突发事件或特殊情况。就地审计是在被审计单位的现场进行，而报送审计则是审计人员通过审查提交的文件和资料来完成审计工作。法定审计是根据法律法规要求必须进行的审计，而任意审计则是在没有强制性要求的情况下，出于管理需要或其他目的而进行的审计。

二、收集查账资料

收集查账资料为查账的准备阶段，是根据查账的内容和要求，将所需要的会计资料和其他有关经济资料收集起来，进行分类筛选，以备查账使用。做好会计资料和其他有关资料的收集工作，不仅有利于提高查账工作的效率，而且可以抓住重点、有的放矢地确定查账的步骤和方法。

应收集的资料一般包括：会计报表、会计账簿、会计凭证、会计分析资料、内部审计报告、正在执行的会计制度、财务管理制度、经济法规、计划和统计报表、各类预算、经济合同、经营目标的预测决策方案和执行结果的分析资料、仓库及其他经管物资部门的盘点表、银行对账单、银行存款余额调节表、往来账款对账单、存货价格目录、企业的章程和出资方案，董事会会议记录、纳税申报表和纳税鉴定以及其他有关经济档案等。实行电算化的企业还要提供计算机磁带、磁盘、光盘、微缩胶片等会计信息载体。

三、查账的工作方法

查账的一项繁重工作是对会计凭证、账簿、会计报表以及其他经济活动资料的核对和审查。一方面要核对和检查各种会计资料的准确性和真实性；另一方面要审查所反映的经济业务的合法性和合理性。比如是否存在弄虚作假、隐瞒收入和利润、偷漏国家税收、乱挤成本、乱列开支、行贿受贿、贪污盗窃、严重浪费等违法违纪行为。从而确保党和国家的方针政策和财经法纪的贯彻执行，保护所有者财产的安全完整以及合法权益不受侵犯。

由于会计资料数量繁多内容复杂，各单位核算形式又不尽相同。因此必须根据查账的实际需要，采用不同的查账方法。

查账方法包括顺查法、逆查法、详查法、抽样查法。抽样查法又分：随机数表选样、计算机辅助选样、等距选样、任意选样。

（一）顺查法

顺查法是按照记账顺序，先查记账凭证和原始凭证，再查账簿记录，最后查会计报表。这种方法可系统地对企业的会计资料比较全面地核对和审查。但是工作量较大，一般只适用于规模较小，账目不多的企业。如果企业规模然较大，会计资料较多，且账目混乱、问题比较严重，并带有普遍性，便应采用顺查法。

（二）逆查法

逆查法也称倒查法。逆查法可以根据从会计报表和账簿记录所发现的问题，有目的地抓住审查重点，步步深入，能够节省查账时间和人力。但逆查法不适用于账目混乱、问题较多的企业。

（三）详查法

详查法是采用顺查法时，对所有会计记账凭证和原始凭证从头到尾逐笔核对和审查，工作量较大，很难适用规模较大、账目繁多的企业。但是，如果账目混乱、问题较多一般也可采用详查法。

（四）抽样查法

抽样查法是在需要审查的范围内，按一定方法，抽取一部分会计资料作为样本进行审查。抽样审查结果，如未发现问题，则其余部分的会计资料就不必进行审查。如果抽样发现的问题较多，则应适当扩大审查面，增加样本数量，甚至逐步发展为详细审查。

抽样查法有随机数表选样（又称统计选样）、计算机辅助选样、等距选样、任意选样。抽样不是抽查，使用各种方法抽取的样本对总体来说，应具有代表性，要使总体中所有抽样单元均有被选中的机会。否则，就无法根据样本结果推断总体。所以应当尽量选取具有整体典型特征的样本数目，并在选取样本时避免偏见。

1. 随机数表选样

随机数表是一组从长期来看出现概率相同的数码，且不会产生可识别的模式。随机数表也称乱数表，它是由随机生成从 0 到 9 的 10 个数字组成的数表，每个数字在表中出现的次数是大致相同的，且它们出现在表上的顺序是随机的。应用随机数表选样的步骤如下：第一，对总体项目进行编号，建立总体中的项目与表中应选用数字相对应关系。通常可利用总体项目中原有的某些编号，如记账凭证的原有编号、账簿原编页码等。在没有能使用的原有连续编号的情况下（如多本不相互连续号码的发票、支票等），则要另外进行编号。第二，从总体编号的项目中，随机选取所设立样本数量。

2. 计算机辅助选样

使用计算机生成的随机数程序软件，如电子表格程序、随机数码生成程序，通用审计软件程序等计算机程序产生的随机数可以获得所要求选取的样本。而且用以评价抽样结果的大多数计算机程序，都能根据样本规模、样本结果计算可能发生的偏差率估计值。一般偏差率为 3% ~ 7% 时，有效性较高；偏差率为 6% ~ 12% 时，有效性中等；偏差率为 11% ~ 20% 时，有效性最低；偏差率超过 20% 时便不能采用这一选样方法。

3. 等距选样

等距选样也称系统选样，是对总体项目按照相同的间隔距离选取样本的一种选样方法。采用等距选样法，首先，要计算选样间距，确定选样起点；其次，根据间距顺序选取样本。选样间距的计算公式如下：

$$选样间距=总体规模\div样本规模 \tag{7-37}$$

等距选样方法的主要优点是使用方便，比其他选样方法节省时间，并可用于无限的总体。此外，在使用这种方法时，对总体中的项目不需要编号，只需要按总体数量计算出间距后，确定一个起点随机数，然后只要数出每一个间距的样本量即可。

使用间距选样要求总体必须是随机排列的，否则容易发生较大的偏差，造成非随机的不具代表性的样本。例如，应收账款明细表，每页的记录如果均以账龄的长短为先后次序排列，则选中的若干个样本，可能多数是账龄相同的记录。

4. 任意选样

任意选样又称判断选样，是指不带任何偏见的和不考虑样本项目的性质、大小、外观、位置或其他特征；而是根据查账人员个人的经验技巧，针对被查账单位的具体情况和查账要求进行判断选样。任意选样的缺点主要是很难排除个人偏好的主观臆断，因而使样本失去代表性。

以上查账选样方法都很科学，在样本量足够的条件下，一般均能选出有代表性的样本。

四、查账的具体内容

对企业查账的内容甚多，有关酒店方面的主要如下。

（一）库存现金的审查

第一，核对库存现金日记账的余额是否与总账的余额相符，如有不符，应查明原因做相应调整。

第二，盘点库存现金。首先，将分散在抽屉、钱包等处的零星现金集中存入保险柜。其次，按尚未入账的现金收付单证轧算出账存金额与实存现金核对，如有不符，应查明原因处理。假若两者差异很大，则应追查是否有截留销售收入、隐匿非法支出等弄虚作假情况。

第三，按库存现金账面记录，抽样审查有关原始凭证。对大额现金收付，应查明是否违反国家有关现金管理的规定。

第四，对库存外币，应查明折算为记账本位币时汇率的折算是否符合规定并及时存入银行，有无挪用盗窃等违法行为。

（二）银行存款的审查

第一，核对银行存款日记账的余额是否与总账的余额相符，如有不符，应查明原因并做相应调整。

第二，验算银行存款余额调节表是否正确。对长期未达的收入和支出，应与银行联系，查明情况进行处理。

第三，按银行存款日记账记录，抽样审查有关原始凭证。对一些大额银行存款收支，查明是否有与本企业无业务关系的代收代付违纪事项。

第四，审查外币存款收付的汇率折算是否符合规定，有无逃汇、套汇等违法现象。

（三）应收账款的审查

第一，核对所编制的应收账款明细表是否与明细账和总账记录相符，如有不符应进行调整。

第二，进行账龄分析，评估长期未收回的款项会造成坏账的可能性。

第三，对金额较大、交易频繁或账龄较长的应收账款，应抽样进行函证，即以信函方式与对方取得联系，落实账款余额的真实性和可收回性。

第四，对酒店客房应收账款的核算方法，是否按“应收”和“预收”两个二级账户分别累计所发生的收入和已收到的货币资金，以及月末相互轧抵后并入资产负债表的有关项目；年度终了，这两个二级账户是否已相互冲转。

第五，审查资产负债表日，应收账款明细表所反映的某些贷方户的余额，是否于编表时并入该表“预收款项”项目。

第六，审查按外币结算的应收账款折算为记账本位币—人民币的汇率是否合理，折算差额是否已计入当期损益。

（四）预付账款的审查

第一，核对预付账款明细表的余额是否与明细账和总账的余额相符，如有不符应及时进行调整。

第二，审查预付账款从付款到收到原材料、商品等货物的时间是否与原签订的合同规定相符；有无长期预付了货款，但一直未收到货物而有被诈骗的风险。

第三，预付账款如果发生贷方余额，应查明是否为收到超过合同原规定数量形成的，有无造成积压的损失，或者为计价超过合同规定标准形成的，是否合理。

第四，审查是否有投资者为了抽走资金所设置的虚假账户。

第五，审查资产负债表日，预付账款明细表所反映的某些贷方户的余额是否并入应付账款项目。

（五）其他应收款和其他应付款的审查

第一，核对其他应收款和其他应付款明细表的余额，是否与明细账和总账的余额相符，如果不符应做相应调整。

第二，审查是否有弄虚作假的空头户。对可疑账户应详查原始凭证，弄清来龙去脉。因为有些企业为了截留销售收入，会隐匿非法支出另设内账，往往会使“库存现金”账户超支变成负数。为了进行调节现金库存，便在“其他应收款”或“其他应付款”账户设置虚假账户来增加或减少现金数额。

第三，审查是否有代外单位收付与本企业无业务关系的款项所设置的账户。

第四，审查是否有投资者为抽走资金所设置的虚假账户。

第五，审查资产负债表日，其他应收款明细表某些贷方户的余额是否并入该表的“其他应付款”项目；其他应付款明细表某些借方户的余额是否并入该表的“其他应收款”项目。

（六）存货的审查

第一，核对各存货账户的合计余额是否与资产负债表反映的存货金额相符，如有不符应做相应调整。

第二，审查各项存货的盘点表所反映的数量是否与仓库实存数量相符，单价是否与账面记录相符。如情况可疑（有假账的企业，往往账面反映的原材料、商品等的价值、数量与实际库存量相差悬殊），可监督重新实地盘点。在盘点过程中，对毁损、过期、残次的存货，应进行登记查明是否已经列作损失处理。

第三，有的企业为了偷漏所得税而有意隐匿利润，常见方法是多计销售成本，而其结果便会使存货价值失真。所以，当存货的实存价值与账面的价值差异很大时，便应查明是否为多计销货成本形成的。

第四，商品盘点过程，应查明有无代销商品，不能将代销商品列入自有存货。酒店吧台的酒水、食品绝大部分是售完后向供应商结付价款，属代销商品性质，但是在会计核算时，收货后一律借记库存商品、贷记应付账款，所以仍应视同自有存货盘点。酒店餐饮的原材料如肉、禽、蛋、海鲜、水产、蔬菜、调料等，于收货投入使用或入库时不论是否已支付价款，会计核算均应先贷记应付账款，所以厨房或仓库对这些原材料盘点时均视同自有存货。

第五，审查已计提存货跌价准备的存货在资产负债表日，影响其价值的因素已经消失，是否对原提取的存货跌价准备金额予以冲减并计入当期损益。

第六，审查各类存货是否已制定自然损耗率标准并付诸实施。

第七，审查对存货发生长余短缺的处理是否及时和合理。

第八，审查委托代销商品是否与自营商品分开，并在“委托代销商品”账户核算；收货、销售、纳税、支付货款等各个环节是否符合国家规定。

（七）固定资产的审查

第一，核对固定资产明细账与总账的余额是否相符，如有不符，应查明调整。

第二，审查固定资产对定义、确认、初始计量、后续计量、增加、改良支出、清查和清理、减值、资本化后续支出等方面的核算，是否符合财政部新颁布的《企业会计准则第 4 号——固定资产》有关规定（其核算内容详见本书第六章相关内容）。

第三，审查计提固定资产折旧的标准和方法是否符合国家有关规定。

第四，审查在建工程的承包合同、协议和支付预付工程款等是否合理，有无贿赂等违法情况；完工后的决算报告是否正确，完工项目的验收、交接、入账凭证是否齐全。

（八）待处理财产损益审查

第一，审查“待处理财产损益”账户所反映的各种财产损失或溢余是否真实。

第二，审查所核销的损失是否按规定处理权限经报请批准。

第三，对长期未处理的损益账项，应查明原因予以解决。不能让“待处理”变成“不处理”而长期悬挂账面。

（九）应付账款审查

第一，核对应付账款明细表是否与明细账、总账的余额相符，如有不符应查明原因后调整。

第二，应付账款是购入原材料、商品和接受劳务而应付给供应方的款项，非这类经济业务的应付款项不应在本账户核算，误列应付账款的账项应建议予以调整。

第三，查明资产负债表日应付账款有关收货的记账凭证。如有仅附入库凭单，却无购货发票；或仅附购货发票，却无入库凭单等手续不完备的情况，应了解产生的原因并加以纠正。

第四，对长期未支付的应付账款，应查明原因。如属不必再付的余款，应取得证据并作调账处理。

第五，与客户的往来账项，不论是应收或应付仅能开设一个账户，以免引起账目紊乱发生差错。如有此类情况应督促进行账务调整。

第六，审查资产负债表日，应付账款明细表所反映的某些借方余额，在编表时是否已并入“预付款项”项目。

（十）预收账款的审查

第一，核对预收账款明细表是否与明细账和总账的余额相符，如有不符应查明原因后进行调整。

第二，预收账款某些账户如发生借方余额，应查明是否为多发货物形成的，多发货物的价款是否及时收回，有无被长期拖欠情况。

第三，审查是否有无故将已完成销售交易手续的经济业务长时间地挂在预收账款，不反映主营业务收入，借以达到拖延缴纳税款目的。

第四，审查资产负债表日，预收账款明细表反映的某些借方户的余额，是否于编表时并入“应收账款”项目。

（十）所有者权益的审查

第一，实收资本。对照投资合同、章程、营业执照和董事会会议记录等有关规定，审查投入资本的原始凭证。查明所投入的货币资金、固定资产、原材料等是否真实计价、是否合理。如是外币投资，应有外汇水单。折合为记账本位币的汇率不得按合同所定，而应按收到外币的当天汇率计算。

第二，审查本年利润、利润分配账项的真实性和合法性。

第三，审查资本公积、盈余公积的入账、提取、转出等是否符合国家有关规定。

（十一）主营业务收入和主营业务成本的审查

1. 主营业务收入

重点是审查其完整性和真实性，有无隐匿收入和非法避税等情况。例如，应检查宾客账单原机印编号是否连续，如缺号较多则有可能是抽单隐匿收入形成的。酒店餐饮部门承办喜庆宴席，收入集中，一般不登录宾客账单，几乎全收现金，又不开具发票，最易隐匿；不过也可以从当期餐饮成本进行考察有无造假。因为餐饮成本一般占收入 50% 左右，凡有大量宴席，则鲜活原料消耗很大，如果隐匿了大宗收入，便会使毛利率大幅下降。

有的企业出租部分营业场地，为了逃避 12% 的房产税（房租收入税），编制假营业日报表按自营项目入账，此类现象一般可向经营的承租人进行调查以获取信息。

企业隐匿营业收入的手法往往非常隐秘，不易发现。一般可采用入驻收银台跟踪观察的办法，连续多日或随机的间隔日，获取每天实际收入的样本，据以和账面历史记录对比，如果短少的差异较大，便有可能是隐匿收入形成的，并可依此推断被隐匿总额的估计值。

2. 主营业务成本

酒店餐饮的营业成本，主要是原材料消耗。应查明月末所收到投入使用尚未支付价款的鲜活原材料，是否已全部通过应付账款账户计入营业成本。当月所领用的辅料、调料是否已全部计入营业成本。月末厨房的原材料、辅料、调料盘点是否真实、计价是否合理。餐厅吧台的酒水、香烟、小食品、餐巾纸等月末盘点后，应编报商品进销存及盘点升耗月报表交由财务部门进行核对，并查明所发生差异的处理是否及时和合理。

（十三）费用的审查

酒店的费用包括：销售费用、管理费用、财务费用。客房只有销售费用，没有营业成本，所以其费用总额便是客房的经营成本，而且数额较大，是审查重点。

第一，对各项费用明细账记录选样抽查原始凭证，查明各项支出的真实性和合法性。

第二，酒店电费和柴油费支出很大，应查明分配至各经营部门的计算方法是否合理，否则很难正确评估和考核分部门的费用水平。

第三，酒店装修的间隔期短，3 ~ 5 年便要重新装修一次，每次装修费用很大，发生时一般是在“长期待摊费用”账户核算分期摊入费用。应审查各项装修费的支出是否合理合法。

第四，审查企业各项费用的控制是否到位。比如酒店餐饮部门碗盘等瓷器餐具用量很大，价格昂贵。由于洗涤工序偶尔存在野蛮操作，破损严重，必须经常批量采购补充，损失很大。所以应加强控制，实行洗前点数、洗完验收，并制定合理的破损率，配以奖惩办法，将损耗率尽量降至最低。

五、调查取证

在酒店财务管理的复杂体系中，查账工作是确保财务信息真实、准确与完整的关键环节。而在查账过程中所发现的问题，犹如隐藏在财务数据迷雾中的暗礁，若不及时深入调查核实，极有可能引发财务风险，甚至对酒店的正常运营与长远发展造成严重威胁。因此，针对查账中发现的问题，必须秉持严谨、客观的态度，逐一展开深入调查，并获取足以揭示事实真相的证据，以保障财务工作的公正性与可信度。

（一）证据的分类与特性

在调查取证过程中，证据的收集与甄别至关重要。依据证据的形式与特性，可将证据大致划分为实物证据、书面证据、环境证据与口头证据四类。每一类证据都具有其独特的价值与局限性，需在调查过程中合理运用，以构建完整、有力的证据链。

1. 实物证据

实物证据是指通过实际观察或清点所获取的实物形态的证据。在酒店财务查账中，实物证据具有直观、真实的特点，能够为调查人员提供确凿的客观依据。

以酒店物资管理为例，对库存物资进行实地盘点是获取实物证据的重要手段。通过实地清点，调查人员能够直观地确认物资的实际存在情况，有效地防止账实不符现象的发生。例如，在盘点酒店客房用品时，若发现实际库存数量与账面记录存在较大差异，即可初步判断可能存在物资管理漏洞或人为舞弊行为。

此外，在涉及采购业务的调查中，实物证据同样发挥着关键作用。当发现购进的原材料、商品存在质次价高或假冒伪劣问题时，及时取得相关样品作为证据，能够有力地证明采购环节可能存在商业贿赂等违规行为。这些实物样品作为直接证据，其说服力往往远胜于其他间接证据，为调查工作的深入开展提供了坚实基础。

2. 书面证据

书面证据是以文件形式呈现的证据，在酒店财务调查中同样占据着核心地位。其来源广泛，按其来源可分为外部证据与内部证据，不同来源的书面证据在调查过程中具有不同的证明力与作用。

外部证据由外单位或个人提供，具有较高的客观性与可信度。例如，往来款项的对账回函能够清晰地反映酒店与供应商、客户之间的资金往来情况，有效验证账面记录的准确性；银行对账单则可作为酒店资金收支情况的重要依据，确保资金流动的真实性与合法性。这些外部证据为调查人员提供了独立、客观的信息来源，有助于排除内部干扰，从而准确地判断财务状况。

内部证据则由酒店内部提供，涵盖了会计资料、物资盘点表、交易合同、董事会会议记录等多个方面。会计资料中的原始凭证、记账凭证、账簿和会计报表等，详细记录了酒店的经济业务活动，是反映财务状况与经营成果的基础资料；物资盘点表能够直观地反映物资的库存情况，为资产管理提供重要依据；交易合同明确了酒店与外部合作伙伴的权利义务关系，是判断交易合法性与合理性的关键依据；董事会会议记录则记录了酒店重大决策的制定过程，对于分析酒店经营策略与财务决策具有重要参考价值。然而，内部证据受酒店内部管理水平和人员素质的影响较大，在收集与甄别过程中需保持谨慎态度，确保其真实性与可靠性。

3. 环境证据

环境证据是指对被查账单位产生影响的各种环境事实，包括内部控制制度、管理人员素质、管理条件和管理水平等方面。虽然环境证据一般不能直接用以证明被审查事项，但其在调查取证过程中具有不可忽视的辅助作用。

良好的内部控制制度是保障酒店财务信息真实准确的重要防线。完善的内部控制能够有效地规范财务流程，降低舞弊风险，提高财务工作的效率与质量。高素质的管理人员则具备丰富的专业知识和敏锐的洞察力，能够及时发现并解决财务问题，确保酒店财务管理的稳健运行。良好的管理条件和较高的管理水平则为财务工作的顺利开展提供了有力保障，有助于营造良好的财务工作环境。

在调查过程中，环境证据能够帮助调查人员全面了解被查账单位的整体状况，对审查事项进行综合判断。例如，若发现酒店内部控制制度存在严重缺陷，管理人员素质低下，管理混乱，则需对相关财务数据保持高度警惕，并进一步深入调查是否存在财务造假等违规行为。同时，环境证据还可为调查人员提供线索，引导其获取更为可靠的直接证据，从而增强调查结论的说服力。

4. 口头证据

口头证据是在调查询问过程中，当事人的口头答复所形成的证据。相较于其他三类证据，口头证据的可靠性相对较低，但其在调查初期获取线索、引导调查方向方面具有特殊价值。

在调查过程中，通过与相关人员进行面对面交流或电话询问，调查人员能够及时了解当事人的陈述与解释，获取一些重要线索。例如，当发现某笔费用支出存在异常时，通过询问相关经办人员，可能了解到费用支出的背景、用途以及审批流程等信息，为进一步调查提供方向。然而，由于口头证据易受当事人主观因素影响，且缺乏书面记录的稳定性，除非有现场录音等辅助证据，否则一般不足以单独证明事实真相。因此，在收集口头证据时，需及时进行记录与整理，并结合其他证据进行综合分析，以确定其真实性与有效性。

（二）取得证据的方法

为获取充分、有效的证据，调查人员需灵活运用多种调查方法，以确保调查工作的全面性与深入性。

1. 实地清查盘点

实地清查盘点是获取实物证据的重要方法。在酒店财务调查中，对库存物资、固定资产等进行实地盘点，能够直观地确认资产的实际存在情况，从而发现账实不符等问题。通过实地盘点，调查人员可详细记录资产的数量、规格、型号等信息，并与账面记录进行核对，及时发现差异并查明原因。

2. 询问调查

询问调查是获取口头证据和线索的重要途径。调查人员可通过与酒店员工、管理人员、供应商、客户等相关人员进行面对面交流、电话询问或书面询问等方式，了解相关情况。在询问过程中，需注意提问的方式与技巧，引导当事人提供真实、准确的信息，并做好记录与整理工作。

3. 函证调查

函证调查是通过信函等方式向外部单位或个人取得书面证据的方法。例如，向银行发送询证函，核实酒店在银行存款余额；向供应商发送询证函，确认应付账款余额等。函证调查能够获取独立、客观的第三方信息，有效验证账面记录的准确性。

4. 资料复核与重新编制

应用人工或计算机方式对有关资料进行重新复核计算，同样是确保财务数据准确性的重要手段。通过对会计凭证、账簿、报表等资料进行逐笔核对、重新计算，能够发现数据录入错误、计算错误等问题。此外，对有关报表资料进行调整后重新编制，能够更准确地反映酒店的财务状况与经营成果，为调查提供可靠的依据。

六、编写查账报告

查账工作结束后应撰写查账报告，分别送交被审查单位以及主管部门或所有者。查账报告的主要内容包括：被查账单位基本情况、采用的查账方法、发现的问题、调查取证经过、提出改进意见和建议。

第一，被查账单位基本情况。一般包括：机构的组织形式、经营内容和规模、各项经济指标完成情况、会计核算形式等。对企业所取得的业绩应加以肯定。

第二，采用的查账方法应说明使用了哪些方法。例如，是详查法或是抽样查法。采用抽样查法是任意抽样还是随机数表抽样。如是采用计算机辅助抽样，还应该说明已量化的误差率，以及对各个项目所选取的样本量和占总体项目的比例等。

第三，发现的问题可简述有关事例另附清单。例如，虚报冒领账项清单、漏税清单、购入物资白条报账清单、责任事故损失清单、贪污盗窃案件清单、浪费损失清单、有可能发生的坏账清单等。这些清单应有具体金额和合计，并注明来源，如账户名称和记账凭证的日期和编号。有关会计报表的错误，应附重新编制的影印件。

第四，调查取证经过应说明取得了哪些可以证明事实真相的证据。比如：物资实地盘点表、往来账项对账单、有关项目的函证材料、购进质次价高原材料或商品的实物、责任事故所损毁财产实物等。

第五，针对查账所发现的问题，提出改进意见和建议。在加强内部控制方面，如对库存现金进行不定期的突击检查，并严禁“白条”抵库；购进原材料、商品的质检和价格审查制度；固定资产维护保养和定期清查制度；在建工程的工程进度和预付工程款的审查制度；委托代销商品的管理制度；财产发生长余短缺的审批制度；营业收入的宾客账单、餐单的审查稽核制度；各项费用审批制度；原材料、商品自然损耗率标准的制定；餐饮制品标准成本的制定；差旅费开支标准的制定；销售折让标准和审批权限的规定；员工餐的管理；自有机动车辆使用管理规定等。在会计核算方面，如往来账项应经常对账和清理；应收账款要根据账龄分析及时追讨，减少坏账损失；预付账款如超过交货期未收到货物，应及时追查，防止被诈骗；每月的银行对账单应及时核对，并编制银行存款余额调节表，如有1个月以上的未达账，应向银行查明，如属丢失单证应主动以书面形式说明并请银行签章证明后转账处理；待处理财产损益应及时报批转销，不宜长期悬挂账面；编制资产负债表时，应事先分别编制应收、应付、预收、预付账款的明细表，分清借贷方余额并入该表有关项目，做到如实地反映债权债务状况。还应加强复核工作，降低错报风险等。

第三节　酒店会计账务技巧

早在20世纪60年代后期，世界各国相继把电子计算机技术引入了会计领域。凡是能用电子计算机的会计账务工作，都可用电子计算机来完成。在会计电算化条件下，只要将原始数据输入电子计算机，立即可以生成所需要的各种凭证、账簿和报表，大大地节约了人力，提高了工作效率，改善了会计核算质量。

我国大中型酒店一般都实行了会计电算化。但是，还有很多中小型酒店，由于受条件限制，会计账务工作仍然是用手工操作方式进行；经济业务发生后，要根据原始单据编制记账凭证、登记账簿、算账、对账、结账和编制会计报表，工作量大，速度缓慢。所以有必要应用一些会计技巧来提高工作效率，腾出一些时间从事会计分析、成本控制和资金管理，以提高会计工作质量，更好地为企业经营管理服务。

会计账务技巧主要包括：总账平衡技巧、明细账平衡技巧、结账技巧、往来对账技巧、用数学方法查找错账技巧。其中往来对账技巧在电算化条件下同样适用。

一、总账平衡技巧

总账平衡是指总账各个会计科目的借方余额合计数必须等于贷方余额的合计数；而且不能发生“串户”，误将甲科目的发生额记入乙科目，致使总账科目的余额与有关明细账科目的余额不符。总账平衡的步骤与技巧有以下几点：

第一，总账汇总一般是采用 T 形账户进行。即根据记账凭证，将各科目的借贷方发生额记入 T 形账户，然后计算出各账户借方发生额和贷方发生额的合计数。并据以编制科目汇总试算表（格式见表 7–2）。

表 7–2　科目汇总试算表

科目名称	借方发生额	贷方发生额

第二，科目汇总试算表的借贷方合计数如果不平衡，经复算并确认不是计算之误后，便有可能是所登记的数字有误。此时，不必为了使其平衡去查找错账，而是可以利用这张不平衡的科目汇总试算表，按总账各科目的上期余额，轧算出一张本期总账余额试算表（格式见表 7–3），这张试算表两方不平衡的差异额，应与科目汇总试算表两方不平衡的差异额相同，否则便是轧算有误，应查明后更正。

表 7–3　总账余额试算表

账户名称	借方余额	贷方余额

续表

账户名称	借方余额	贷方余额

第三，结算出各明细账的账户余额，加总后与总账余额试算表各有关科目的余额逐一核对，相符的画上“√”号。

第四，对剩下少数不相符的账户，根据有关记账凭证等资料查找错账，使各该科目的明细账余额与总账余额相符。

第五，各明细账户余额全部与总账余额核对相符后，科目汇总试算表便已自动平衡。

第六，将已平衡的科目汇总试算表的发生额，抄入正式科目汇总表，据以登记总账，结出余额后编制会计报表。

二、明细账平衡技巧

明细账平衡是指明细账各户余额合计应与总账相同科目的余额相符。明细账的平衡步骤和技巧有以下几个方面：

第一，明细账各户余额合计如果与总账相同科目余额不符一般多是记账时错记或漏记，或结算发生额和余额时计算错误。首先应进行复算排除错算之误；然后查找错记或漏记之误。

第二，在查找记账错误时，不要首先核对记账凭证，因为记账凭证分散，核对一遍如同重复记账一次，工作量很大；而是应该先与T形账户（科目汇总使用的）核对，因为T形账户的发生额集中，核对方便省时。

第三，两类明细账不同的核对方法：①库存现金、银行存款日记账没有明细分户情况，发生额集中在账页上连续登记，与T形账户的登记方式基本相同。如果余额与总账不符，首先核对双方的借贷累计发生额，如不相符再进行逐笔核对。由于库存现金、银行存款日记账和T形账户都是按照记账凭证的日期先后和凭证编号顺序登记的，很快便能查对完毕。②其余会计科目的明细账都有明细分户。例如原材料明细账按品名规格设户的账页繁多；应收账款、应付账款等明细账的户名也不少。因此，这类明细账的余额与总账余额不符时，进行核对的难度较大。

三、结账技巧

结账是指根据各科目明细账的发生额结算出账户余额。明细账户发生额最多的有“库存现金”“银行存款”“原材料”“销售费用”“管理费用”“主营业务收入”“主营业务成本”“应收账款”“应付账款”等科目。这些科目由于笔数很多，结算的工作量大，如不注意操作方法，不但速度缓慢，而且容易发生差错。

结账的技巧是正确应用“过次页”和“承前页”：

第一，过次页和承前页的累计数是每月从第一笔开始，不能连续上月的累计数（即每月一个累计数）。

第二，每页的余额，都是以上月末的余额加减本页的借贷方累计发生额得出。所以在结算本页的余额时，应先将“过次页”的借贷方累计数结出。

第三，在一次结算多页余额的情况下，不必先结出每页的余额，而是分别按借方和贷方逐页连续结算累计发生额。待最后按双方累计发生额结出余额并与总账核对相符，再补充结算各页的余额。

第四，明细账与总账余额不符时，应该首先核对双方的累计发生额。如果一方相符，仅需查对不符的一方，这样可以减少很多查找错账的时间。

四、往来对账的技巧

企业的往来账包括“银行存款”“应收账款”“应付账款”等科目。往来明细账除了与总账核对相符外，还必须与有关往来单位核对相符。例如，银行存款往来账应与开户银行核对相符。企业的往来对账，主要是与银行对账，而且每个月要进行一次。其余的往来账，则视经济业务发生的繁简，一般是不定期进行，方法和对银行账基本相同。

银行存款的日常发生额较多，对账的工作量很大。与银行对账是用银行交给的对账单与本企业的银行存款日记账核对，如双方余额不符，一般是未达账形成的。

未达账是有些通过银行收入付出的账款，由于双方入账的时间发生差异而形成的，如应属本月的账款下月才入账。此外，企业发生错账也会使双方余额不符。例如，企业开出一张支票 2560 元，编制记账凭证时误为 2650 元，企业的银行存款日记账虽与总账相符，但与银行的对账单不符，如不更正，则双方账户余额便不相符。

核对好银行往来账的关键是查清双方的未达账项。其步骤和方法如下：

第一，根据当月的银行对账单和上月的银行存款余额调节表，与银行存款日记账当月的发生额逐笔核对。

第二，设置一张银行对账底稿，记录所查明的未达账和错账。

第三，核对时，依照银行存款日记账的发生额，按顺序逐笔查找银行对账单上的相同数字（企业与银行的记录相反，企业在借方，银行对账单则在贷方），相符的便画“√”号。

第四，核对时，因是根据企业银行存款日记账的发生额顺序进行，故只要在银行对账单上画“√”号，企业银行存款日记账上不必画“√”号，应保持账面整洁。

第五，企业银行存款日记账的某些发生额，如果银行对账单上没有，可在账页的这个数字后面用铅笔做记号，并于事后擦去，应保持账面整洁。

第六，同时查看上月的银行存款余额调节表。上月的未达账，如果本月已经到达，要分别在调节表和对账单上画“√”号。

第七，核对完毕后，分别检查银行对账单和银行存款日记账，以及上月的银行存款余额调节表。凡未画记号的账项，便是未达账或有差错的账，整理后应列入本月的银行存款余额调节表，并进行计算平衡。

第八，在账目繁多的情况下，往往因核对时的疏忽，有些未达账或错账没有查出，致使银行存款余额调节表不能平衡，则必须重复核对。

第九，重复核对工作有时要进行多次才能对清。在每次重复核对时，应变换勾对的符号加以区别，避免混淆不清，增加核对困难。变换勾对符号的方式可采用：第一遍用蓝笔画“√”，第二遍改用红笔画“√”，第三遍画“○”，第四遍画“△”。

第十，如果上月银行存款余额调节表上的未达账在本月仍未到达，则属非正常情况，往往是单证被丢失造成的，应及时去银行查询。如果是单证丢失，可用书面形式请银行签证后据以入账，不能让未达账变成长期的悬账、悬案。

五、用数字方法查找错账技巧

在酒店会计账务处理中，错账是难以避免的，运用数字方法查找错账可以提高查找效率和准确性。

除 2 法：适用于记账方向记反的错误。当某个科目的借贷方金额不平衡，且差额是某个数字的 2 倍时，可考虑该数字是记账方向记反所致。例如，总账中某科目借方余额比贷方余额多 1000 元，1000 ÷ 2 = 500，可检查是否有 500 元的业务记账方向记反。

除 9 法：常用于数字错位或相邻数字颠倒的错误。

数字错位：如将 1000 元误记为 100 元，差额为 900 元，900 ÷ 9 = 100，可根据差额除以 9 的商，判断是数字错位，且错位数字为 100。

相邻数字颠倒：如将 54 记为 45，差额为 9，可根据差额的特征，在账目中查找相邻数字颠倒的情况。

尾数法：对于差错数字是角、分的错误，可只查找小数部分，以提高查错效率。例如，总账与明细账差额为 0.35 元，可重点查找涉及角、分的业务。

思考与练习

1. 查账与审计的关系是什么？
2. 详细论述酒店会计报表分析的意义。
3. 酒店会计查账常用的方法有哪些？
4. 酒店会计账务技巧有哪些方面？

第八章　酒店会计报表的编制

酒店会计报表作为酒店财务状况与经营成果的集中体现，是酒店内部管理与外部利益相关者了解酒店运营情况的重要窗口。准确、及时地编制各类会计报表，不仅有助于酒店管理层全面掌握酒店的经营动态，做出科学合理的决策；还能为投资者、债权人等外部利益相关者提供可靠的财务信息，增强他们对酒店的信任与支持。本章重点围绕会计报表概述、资产负债表、利润表、现金流量表、企业内部会计报表进行分析。

第一节　会计报表概述

一、会计报表的具体作用

会计报表作为企业日常会计核算的成果体现，在企业的经营管理以及外部经济环境调节中扮演着至关重要的角色。在日常会计核算流程中，企业经营活动所产生的经济业务信息，主要散落于会计凭证与会计账簿之中。这些资料具有分散性的特点，难以直接为企业的经营管理提供集中、概括、系统且全面的会计信息。而会计报表的编制，正是基于日常核算资料，通过归集、加工与汇总等环节，将分散的信息整合为具有高度实用价值的财务报告。会计报表不仅承载着企业财务状况与经营成果的关键信息，更是连接企业内部管理与外部利益相关者的重要桥梁。其具体作用体现在多个层面，且深刻影响着企业的微观决策与宏观经济的运行。

（一）有助于所有者和债权人作合理投资决策

在企业融资与投资活动中，所有者与债权人作为重要的资金提供者，其投资决策的合理性直接关系到自身的利益。然而，由于所有者与债权人往往难以直接参与企业的日常经营活动，因此他们对企业财务状况与资金流转情况的了解，主要依赖于会计报表这一关键信息来源。

会计报表为企业所有者与债权人提供了全面且系统的财务信息。资产负债表详细展示了企业在特定日期的资产、负债与所有者权益状况，使投资者能够清晰了解企业的资产规模、结构以及债务负担情况。利润表则反映了企业在一定会计期间内的经营成果，包括营业收入、营业成本、利润总额等关键指标，有助于投资者评估企业的盈利能力。现金流量表则聚焦于企业的现金流入与流出情况，揭示了企业现金的产生与运用途径，为投资者判断企业的现金创造能力与资金流动性提供了重要依据。

通过对会计报表的深入分析，所有者与债权人能够运用多种财务分析方法，如比率分析、趋势分析等，进一步挖掘报表数据背后的经济含义。例如，通过计算资产负债率、流动比率等指标，投资者可以评估企业的偿债能力；通过分析毛利率、净利率等指标，可以了解企业的盈利水平与成本控制能力。基于这些分析结果，所有者与债权人能够对企业财务状况作出更为准确的判断，从而在投资或信贷决策过程中，寻找到最具价值与安全性的决策依据，有效降低投资风险，实现企业资产的保值增值。

（二）能够反映企业领导人的经营管理水平

在现代企业制度下，所有权与经营权的分离是一种普遍存在的组织形式。企业的经济资源由所有者与债权人投入，而总经理等领导层则受托负责企业的日常经营管理。在此背景下，会计报表所提供的信息，将成为所有者与债权人评价企业管理人员经营业绩与管理水平的重要依据。

会计报表能够全面反映企业在一定时期内的经营成果与财务状况，这些信息直接体现了企业领导人在资源配置、生产经营决策、成本控制以及市场拓展等方面的能力。例如，若企业在领导层的经营管理下，实现了营业收入的稳步增长、利润率的持续提升以及资产质量的优化，那么会计报表中的相关数据将直观地展现出这一积极态势，反映出领导层在战略规划与执行方面的卓越能力。反之，若会计报表显示企业出现营业收入下滑、利润亏损、资产负债率过高以及现金流紧张等问题，所有者与债权人则有理由对企业领导人的经营管理水平提出质疑。基于会计报表所反映的信息，所有者与债权人可以综合考虑企业所处行业环境、市场竞争状况等因素，对领导层的经营业绩进行客观评价。在此基础上，他们可以决定是否适当调整投资方向，例如增加对表现优秀企业的投资，减少对经营不善企业的资金投入；或者重新安排代理人的人选，选拔更具管理能力与专业素养的领导团队，以提升企业的整体经营绩效，保障其自身投资利益。

（三）有助于评价和预测未来的投资回报和现金流量

会计报表的核心内容之一是提供有关企业盈利及其构成的信息，这些信息对于报表使用者评价未来的投资回报和现金流量具有不可替代的重要价值。企业的盈利状况不仅反映了其过去一段时间内的经营成果，更是预测未来发展趋势的关键指标。

从盈利能力的角度来看，会计报表中的利润表详细列示了企业的各项收入与成本费用项目，通过分析不同业务板块的盈利贡献以及成本结构的变化趋势，投资者可以判断企业盈利的稳定性与可持续性。例如，若企业某一核心业务板块的毛利率持续保持较高水平且呈上升趋势，同时成本费用得到了有效控制，那么可以合理预期该业务在未来将继续为企业带来稳定的盈利增长，从而为投资者带来可观的投资回报。

现金流量作为企业生存与发展的“血液”，与盈利状况密切相关。虽然企业的现金净流入量并不总是与盈利同比例增减，但二者之间仍存在着紧密的内在联系。会计报表中的现金流量表将企业的现金流量划分为经营活动、投资活动与筹资活动三个类别，清晰地展示了企业现金的来源与用途。通过分析现金流量表，投资者可以了解企业经营活动产生的现金流量是否充足，是否能够满足企业日常运营、债务偿还以及投资扩张的资金需求。例如，若企业经营活动产生的现金流量持续为正且稳定增长，表明企业的主营业务具有较强的现金创造能力，能够为企业的持续发展提供坚实的资金保障。同时，投资者还可以结合资产负债表与利润表的信息，评估企业未来的投资回报潜力。例如，通过分析企业的固定资产投资计划、研发投入以及市场拓展战略等，结合企业的盈利预期与现金流状况，预测企业未来的自由现金流量，进而评估投资回报率与投资回收期等关键指标，为投资决策提供科学依据。

（四）有助于国家经济管理部门进行宏观调控和管理

会计报表作为企业经济活动的综合反映，为国家经济管理部门进行宏观调控和管理提供了重要的数据支持与决策依据。企业作为国民经济的基本细胞，具有多重重要性和作用，其生产经营活动与财务状况直接影响着国民经济的整体运行态势。

会计报表将企业生产经营情况和财务信息提供给政府经济管理部门，使政府能够及时掌握各企业的经济情况。通过对不同行业、不同规模企业会计报表的汇总分析，政府可以全面了解国民经济的产业结构、增长速度、就业状况以及物价水平等关键指标的变化趋势，及时发现经济运行中存在的问题与潜在风险。

在社会主义市场经济体制下，企业不仅承担着追求经济效益的责任，还肩负着完成社会主义责任的重要使命。会计报表所提供的信息有助于政府了解和监督企业在环境保护、安全生产、员工权益保障以及社会责任履行等方面的情况。例如，通过分析企业的财务报表附注中关于环保投入、安全生产费用支出以及员工薪酬福利等方面的信息，政府可以评估企业在可持续发展与社会责任履行方面的表现，引导企业积极履行社会责任，从而促进经济社会的协调发展。

此外，政府经济管理部门还可以通过对企业会计报表所提供的资料进行深入分析，掌握国民经济总体的运行情况。例如，通过分析企业的资产负债率、存货周转率等指标，可以了解企业的债务风险与经营效率状况，进而判断整个国民经济的金融稳定性与经济运行效率。基于这些分析结果，政府可以制定更加科学合理的宏观经济政策，如财政政策、货币政策以及产业政策等，对国民经济进行精准调控，进而实现经济的稳定增长、充分就业、物价稳定以及国际收支平衡等宏观经济目标。

二、会计报表的编制要求

随着信息技术的飞速发展，财务报表作为企业信息披露的重要工具，其编制与分析的重要性日益凸显[①]。会计报表是企业财务报告的核心组成部分，它以货币为主要计量单位，综合反映企业在一定时期内的财务状况、经营成

① 王欢．企业财务报表编制分析与应用研究 [J]．乡镇企业导报，2024（19）：150.

果和现金流量。对于酒店行业而言，会计报表不仅是企业内部管理层进行经营决策、绩效评估的重要依据，也是外部投资者、债权人、监管机构等利益相关者了解酒店经营状况、评估投资价值、监督合规运营的关键信息来源。因此，确保会计报表编制符合严格的要求，对于酒店企业的健康发展和有效治理至关重要。

（一）数字真实、计算准确

1. 数字真实

数字真实是会计报表编制的首要要求，它要求报表中的各项数据必须真实可靠，能够如实反映酒店企业的经济活动情况。这意味着会计人员在记录、分类、汇总和报告财务数据时，必须严格遵循会计准则和制度，确保数据的来源清晰、记录准确，且不受任何主观因素的干扰或操纵。在酒店行业，数字真实体现在对客房收入、餐饮收入、成本费用等各项收支的准确计量上。例如，客房收入的确认应基于实际入住情况、房价政策以及收款记录，避免虚增或隐瞒收入；成本费用的核算应准确划分各项费用的归属，如客房清洁用品费用、餐饮原材料成本等，确保成本数据能够真实反映企业的实际经营成本。

2. 计算准确

计算准确是数字真实的保障，它要求在会计报表编制过程中，对各项数据的计算必须精确无误。从简单的加减乘除运算到复杂的财务指标计算，如毛利率、净利率、资产负债率等，都需要严格按照规定的计算方法和公式进行。在酒店会计中，计算准确会直接影响到对酒店经营绩效的评价。例如，毛利率的计算如果存在误差，可能导致管理层对酒店盈利能力判断失误，进而影响经营策略的制定。此外，计算准确还关系到财务报表之间的钩稽关系，如资产负债表与利润表之间的数据关联，只有计算准确，才能保证财务报表的内在逻辑一致性。

3. 实现数字真实、计算准确的措施

为确保会计报表数字真实、计算准确，酒店企业应建立健全的内部控制制度，加强对会计人员的培训与监督。一方面，完善财务核算流程，明确各岗位的职责和权限，确保财务数据的录入、审核、记账等环节相互制约、相互监督。另一方面，定期对会计人员进行专业培训，提高其业务水平和职业

道德素养，使其熟悉会计准则和制度，掌握正确的核算方法和计算技巧。同时，利用现代信息技术手段，如财务软件，实现财务数据的自动化处理和计算，减少人为错误的发生。

（二）内容完整

内容完整要求每一种会计报表都应从企业不同的侧面，全面反映会计事项。凡是规定要求提供的会计报表，都必须全部编制和报送，不得漏编漏报。对于应当填列的指标，都必须全部填列，不可随意取舍。在酒店行业，常见的会计报表包括资产负债表、利润表、现金流量表等。资产负债表应全面反映酒店在某一特定日期的财务状况，包括资产、负债和所有者权益的构成及金额；利润表应准确反映酒店在一定会计期间内的经营成果，包括营业收入、营业成本、利润总额等；现金流量表应清晰展示酒店在一定期间内现金和现金等价物的流入和流出情况，包括经营活动、投资活动和筹资活动的现金流量。

1. 内容完整对酒店管理的意义

内容完整的会计报表有助于酒店管理层全面了解企业的财务状况和经营成果，为制定发展战略和经营决策提供全面、准确的信息支持。例如，通过分析资产负债表，管理层可以了解酒店的资产结构、负债水平和偿债能力，从而合理安排资金，优化资产配置；通过利润表，可以掌握酒店的盈利能力和成本控制情况，及时调整经营策略，提高经营效益；通过现金流量表，可以评估酒店的现金流动性和资金周转能力，从而确保企业有足够的现金维持日常运营和应对突发情况。

2. 确保内容完整的措施

酒店企业应严格按照会计准则和相关法规的要求，编制和报送所有规定的会计报表。在报表编制过程中，要认真核对各项指标，确保应填列的内容全部填列，不遗漏任何重要信息。同时，应加强对会计报表编制工作的审核和监督，建立多级审核制度，对报表数据的完整性、准确性和逻辑性进行严格把关。此外，随着酒店业务的不断发展和变化，还应及时调整和完善会计报表的内容和格式，以适应新的业务需求和管理要求。

（三）说明简洁

1. 说明简洁的必要性

会计报表中一些需要说明的项目，应在报表附注中用简洁的文字加以说明，作为报表内容的补充。在酒店行业，由于经营业务的复杂性和多样性，会计报表中可能存在一些需要进一步解释和说明的项目，如特殊业务的会计处理、关联方交易、或有事项等。这些说明有助于报表使用者更好地理解报表数据背后的经济实质，但说明内容必须简洁明了，避免冗长和复杂，以免给使用者带来阅读和理解上的困难。

2. 说明简洁的要求与技巧

说明简洁要求在保证信息充分披露的前提下，尽量使用简洁、易懂的语言进行表述。对于需要说明的项目，应突出重点，避免无关紧要的细节描述。例如，在说明酒店的重大投资项目时，应简要介绍投资项目的背景、目的、金额及预期效益等关键信息，而无须详细描述项目实施过程中的每一个具体步骤。同时，说明内容应与会计报表的其他部分保持逻辑一致，避免出现矛盾或歧义。

3. 说明简洁对酒店信息披露的影响

简洁的说明有助于提高会计报表的可读性和透明度，增强报表使用者对酒店财务状况和经营成果的理解。如果说明过于复杂或冗长，可能会导致使用者无法快速获取关键信息，甚至产生误解，而简洁明了的说明则能使使用者迅速把握酒店财务状况的核心要点，为决策提供有力的支持。

（四）报送及时

会计报表必须在规定的期限内编制完成和报出，以便报表使用者及时了解情况和发现问题。在酒店行业，及时报送会计报表对于酒店的日常运营和战略决策至关重要。例如，酒店的投资者需要及时了解酒店的财务状况和经营成果，以评估投资回报和风险；债权人需要关注酒店的偿债能力，以决定是否继续提供贷款或调整信贷政策；管理层则需要根据财务报表及时调整经营策略，优化资源配置。

1. 报送不及时对酒店的影响

如果会计报表报送不及时，可能导致信息使用者无法及时获取酒店的财务信息，从而影响其决策的及时性和准确性。对于酒店而言，这可能导致投资者错失投资机会或做出错误决策，债权人可能对酒店的信用状况产生疑虑，进而影响酒店的融资能力。同时，管理层也无法及时掌握酒店的运营状况，难以对经营中存在的问题进行及时调整和改进。

2. 确保报送及时的措施

为确保会计报表及时报送，酒店企业应加强财务管理，做好日常的记账、算账和对账工作，做到日清月结。合理安排会计人员的工作任务和时间节点，制订详细的报表编制计划，并严格按照计划执行。同时，加强与相关部门和人员的沟通协调，确保报表编制过程中所需的数据和信息能够及时、准确地提供。

（五）手续齐备

企业对外报送的会计报表，应依次装订，加上封面，加盖公章。封面上应写明企业名称，报表所属年度、月份、报送日期等，并由企业领导、会计主管、编表人签章。手续齐备是会计报表合法性和有效性的重要保障，它确保了会计报表的权威性和可信度。在酒店行业，手续齐备的会计报表有助于树立酒店的良好形象，增强投资者和债权人对酒店的信任。同时，符合法规要求的报表手续也是酒店合规经营的重要体现。

1. 手续齐备的具体要求

手续齐备要求会计报表在形式和程序上符合相关规定。在形式上，报表的装订应整齐规范，封面信息应准确完整，签章应真实有效。在程序上，报表的编制和报送应遵循既定的流程和审批制度。对于酒店企业而言，手续齐备的会计报表有助于其在市场竞争中赢得更多信任和支持，同时便于监管部门的审查和监督。

2. 手续齐备对酒店财务管理的促进作用

手续齐备能够促进酒店加强财务管理规范化，从日常财务核算到报表编制报送，每个环节都需严格遵循规定。这有助于酒店及时发现和纠正财务管理中的问题，提高财务管理的整体水平。同时，手续齐备也为酒店的内部审计和外部监管提供了便利，有助于其防范财务风险，保障酒店财务安全。

第二节　资产负债表

一、资产负债表的具体作用

资产负债表是反映企业在一特定日期财务状况的会计报表，是一张静态报表。它是根据“资产 = 负债 + 所有者权益”这一平衡公式，按照一定的格式，把企业在一定日期的资产、负债、所有者权益等项目予以恰当编排，集中反映企业在该特定日期的拥有或控制的经济资源和所承担的经济义务，以及所有者享有的净资产权益。资产负债表的作用有以下几个方面：

第一，反映企业经济资源的分布情况。资产负债表的资产方，按各项资产的性质和用途，分为流动资产和非流动资产两类。在各类之下，又分别列出有关明细项目。

第二，反映债务情况。资产负债表在流动负债类，根据负债的明细项目能反映出除所有者权益以外的资金来源。

第三，反映企业的所有者权益情况。资产负债表所有者权益类分别反映所有者投入的资本及资本公积、盈余公积和未分配利润组成情况。

第四，反映企业的偿债能力和净资产情况。从资产负债表的流动资产大类与流动负债大类两者比例，并结合流动资产中变现性较高的项目观察，可以清楚地了解到企业的偿债能力。从资产、负债、所有者权益三大类的有关结构，又能了解到企业净资产的真实情况。

二、资产负债表的基本内容

资产负债表的项目，基本概括了全部的会计账户。流动资产类包括：货币资金、可供出售金融资产、应收票据、应收账款、预付款项、其他应收款、存货、待摊费用等；非流动资产类包括：固定资产、在建工程、无形资产、长期待摊费用等；流动负债类包括：短期借款、应付票据、应付账款、预收账款、应付职工薪酬、应付利润、应交税费、其他应付款等；非流动负债包括：长期借款、应付债券、长期应付款等；所有者权益类包括：实收资本（股本）、资本公积、盈余公积、未分配利润等。

此外，有的企业采用固定资产加速折旧等原因而形成递延税款，应按其借方或贷方余额分别在资产负债表的“递延所得税资产”和“递延所得税负债”项目反映。

三、资产负债表的主要格式

资产负债表有账户式和报告式两种格式。

账户式资产负债表的格式是各个项目分左、右两方排列。左方为资产，右方为负债和所有者权益。左方资产总额等于右方负债加所有者权益总额。我国统一采用账户式资产负债表。

报告式资产负债表的格式是各个项目从资产、负债到所有者权益按上下顺序排列，故又称垂直式资产负债表。有些国家采用的是报告式资产负债表。

四、资产负债表的编制方法

资产负债表左右两方分别有“期末余额”和“年初余额”两栏。“年初余额”栏只要根据上年度资产负债表的“期末余额”填列。要指出的是：本年度每个月资产负债表的“年初余额”栏都是照填上年度的“期末余额”。“年初余额”不要误为“期初余额”。

资产负债表实际上只要编制“期末余额”（如月末、年末）。资产负债表大部分项目是照填有关账户的期末余额。但有些项目要填几个账户的合并数；有些项目要填有关账户增减后的调整数。需要合并或调整的账户和项目如下：

第一，“货币资金”项目是填列：“库存现金”“银行存款”“其他货币资金”三个账户的合计数。

第二，“存货”项目是填列：“原材料”“包装物”“低值易耗品”“自制半成品”“库存商品”“委托代销商品”等账户的合计数。如果“材料成本差异”“商品进销差价”等账户期末有贷方余额应从“存货”项目的合计数减少。计提的存货跌价准备的，亦应减少“存货”项目的合计数。

第三，往来账项应作如下调整：①“应收账款”各明细账户，期末凡发生贷方余额的各账户合计数并入资产负债表的“预收款项”项目。②“应付账款”各明细账户，期末凡发生借方余额的各账户合计数并入资产负债表的“预付款项”项目。③“预付账款”各明细账户，期末凡发生贷方余额的各账户合计数并入资产负债表的“应付账款”项目。④“预收账款”各明细账户，期末凡发生借方余额的各账户合计数并入资产负债表的“应收账款”项目。⑤“其他应收款”各明细账户，期末凡发生贷方余额的各账户合计数并入资产负债表的“其他应付款”项目。⑥“其他应付款”各明细账户，期末凡发生借方余额的各账户合计数并入资产负债表的“其他应收款”项目。

第四，资产负债表中：流动资产类下的“一年内到期的非流动资产”项目，应从长期债权投资等账户查明1年内到期数额填列；流动负债类下的“一年内到期的非流动负债”项目，应从长期借款、长期应付款等账户查明1年内到期数额填列。同时，长期投资和长期负债各有关项目应减少1年内到期的数额。

第五，“应收账款”项目应减去已提取的坏账准备金额填列；“固定资产”项目应减去累计折旧金额和减值准备金额填列；“无形资产”项目则应减去累计摊销和减值准备金额填列。

第六，资产负债表中的所有者权益类的“未分配利润”项目，月度报表按“本年利润”账户累计数填列。年度报表按“未分配利润”账户余额填列。如为亏损以“-”号反映。

第三节　利润表

一、利润表的具体作用

利润表又称损益表，是反映企业在一定期间经营成果和财务成果的会计报表，是一张动态表。利润表是把一定时期的营业收入与同一会计期间相关的营业成本、销售费用、管理费用、税金等支出进行配比，计算出企业的净利润或净亏损。其主要作用有以下几个方面：

第一，有助于分析企业的经营成果和获利能力。利润表通过一定时期的营业收入抵扣营业成本、费用等之后的余额（即利润或亏损）直接揭示了企业一定期间经营成果的形成。利润表反映的经营成果数据，按企业不同时期相关指标进行比较，就可以评价和预测企业未来的获利能力，并据此作出经营决策。

第二，有助于考核企业管理者的经营业绩。利润表提供盈利方面的资料，属综合性信息。它是企业在经营、理财、投资等各项活动中成效的直接体现，基本上能够反映企业管理者的业绩。

第三，有助于预测企业未来利润水平和现金流量。企业的获利能力与现金流量密切相关。企业的现金流入净额，主要依靠盈利形成。利润表提供的信息，对预测企业未来盈利水平和现金流量的作用很大。

第四，有助于企业管理者作出未来决策。企业管理者通过利润表的分析评价，可以揭露问题，找出差距，采取措施，以改善经营管理。

二、利润表的主要格式

利润表一般有单步式和多步式两种格式。

单步式利润表是将本期的全部收入汇集在一起，同时将全部经营费用也汇集在一起，然后以收入合计减去经营费用合计，得出本期净利润。国外有些企业采用单步式利润表。

多步式利润表是通过多步计算，确定当期净利润的。我国现行会计制度要求采用多步式利润表。

多步式利润表的格式通常如下：第一步，营业收入减去营业成本，计算得出营业毛利；第二步，从营业毛利减去销售费用及相关税费等，计算得出营业利润；第三步，营业利润加减营业外收支等项目，计算出利润总额；第四步，从利润总额减去所得税费用，计算得出本期净利润。

三、利润表的编制方法

第一，利润表“本期金额”栏反映各项目本月实际发生额。企业每期各项损益类账户余额数据便在这一栏具体填列。“上期金额”栏填上期发生额。

第二，编制利润表的依据是企业当期的“本年利润”明细账。该表的“营业收入”项目为“主营业务收入”和“其他业务收入”之和，“营业成本”项目为“主营业务成本”和“其他业务成本”之和。其他项目只要按照账面记录归纳整理填列即可。

第四节 现金流量表

一、现金流量表的具体作用

现金流量表是以现金为基础编制的财务状况表。它反映企业在一定期间内现金的流入和流出，表明企业获得现金和现金等价物的能力。现金流量表的主要作用如下：

第一，提供企业现金流量信息，从而有助于评价企业的偿债能力。企业利润表反映在一定期间内获得的利润并不表明企业真正具有偿债和支付能力。例如，有些企业虽然利润表上反映的利润很大，业绩可观，但其实财务困难，并没有足够的现金偿还到期债务；相反，有些企业虽然利润表上反映的经营成果并不理想，但却有足够的偿债能力。产生这些情况的原因很多，其中会计核算采用权责发生制原则是主要因素。企业利润表反映的税后利润并不代表企业实际收到的现金，因为企业的销售收入有很大一部分为应收账款，并未全部收到现金。企业有些费用支出，如折旧费等，虽减少了利润，但并未支出现金。现金流量表则消除了这些无现金收付的经济事项，将权责发生制转换为收付实现制。投资者和债权人可以通过现金流量表了解企业真实的偿债能力和支付能力。

第二，现金流量表有助于客观评价企业的经营质量。现金流量表分为经营活动产生的现金流量、投资活动产生的现金流量、筹资活动产生的现金流量三个部分。从各个部分现金流量是否合理，就可以判断企业财务状况是否良好。有些企业经营失败便是由于投资活动流出现金不合理造成的。

第三，现金流量表有助于预测企业未来现金流量。现金流量表反映企业一定期间内的现金从哪里来，又运用到哪里去。通过现金流量表及其他会计信息，可以分析企业未来获取和支付现金的能力，并通过以往某个时期或连续的几个时期的现金流量表的分析，可以预测企业未来现金流量的金额、时间和实现的程度，以便作出有关经营决策。

二、现金流量表中相关名词的解析

第一，现金。现金流量表所指现金包括企业库存现金、银行存款和其他货币资金（如银行汇票存款、银行本票存款、信用证存款和在途货币资金）。

第二，现金等价物。现金等价物是指企业持有的期限短（一般为 3 个月以内），流动性强，易于转换为已知金额的现金，价格变动风险很小的投资。一项投资被确认为现金等价物，必须具备四个条件：期限短、流动性强、易于转换为已知金额的现金、价格变动风险很小。

第三，现金流量。现金流量是指某一段时期内企业现金流入和流出的数量。流入，如出售产品、供应劳务、向银行借款的现金收入；流出，如购买原材料、商品、接受劳务支出工资、购建固定资产等现金支出。现金净流量则是企业一定时期内现金流入量超过现金流出量的净额。

三、现金流量表的项目内容与计算公式

企业是按权责发生制原则进行会计核算的，只要经济业务发生了，虽未收到或付出现金，均应作为收入或耗费处理，未能体现实际现金收付，编制现金流量表必须对有关收入付出项目进行调整，把按权责发生制核算的财务指标转换为收付实现制的财务指标。以下的计算公式便是用于调整转换的计算。

现金流量表各项目内容及计算公式如下。

（一）经营活动产生的现金流量

第一，销售商品、提供劳务收到的现金 = 当期销售商品或提供劳务的现金收入 +（应收账款或应收票据期初余额 − 应收账款或应收票据期末余额）+（预收账款期末余额 − 预收账款期初余额）− 当期因销售退回而支出的现金 + 当期收回前期核销的坏账损失。

第二，收到的税费返还主要是所得税、消费税、营业税、教育费附加等的返还款，根据“应交税费”等账户分析填列。

第三，收到的其他与经营活动有关的现金，反映除上述各项目以外所收到的其他与经营活动有关的现金流入，如接受捐赠、违约罚款等收入。

第四，购买商品、接受劳务支付的现金 = 当期购买商品、接受劳务支出的现金 +（存货期初余额 − 存货期末余额）+ 当期支付前期的应付账款 + 当期支付前期的应付票据 + 当期预付的账款 − 当期因购货退回收到的现金。

上面公式中所列各项目均不包含增值税进项税额。

第五，支付给职工以及为职工支付的现金 = 营业费用（销售费用）、管理费用中工资、福利费 +（应付职工薪酬期初余额 - 应付职工薪酬期末余额）。

第六，支付的各项税费包括当期实际支付的营业税、房产税、车船税、印花税等各种税款，包括本期发生并支付的税金，以及当期支付以前各期发生的税金和预付税金。

第七，支付其他与经营活动有关的现金。反映除上述主要项目外如罚款、差旅费、保险费等在管理费用列支的现金。

（二）投资活动产生的现金流量

第一，收回投资所收到的现金。这包括收回交易性金融资产的价款和利息等款项。

第二，取得投资收益所收到的现金。这包括“投资收益”中实际收到的现金。

第三，处置固定资产、无形资产和其他长期资产收到的现金净额 = 出售固定资产、无形资产和其他长期资产所收到的现金 - 出售这些资产的有关费用 + 因灾害毁损固定资产收到的保险赔偿款。

第四，收到其他与投资活动有关的现金。反映企业除上述各项目外，所收到的其他与投资有关的现金流入。

第五，购建固定资产、无形资产和其他长期资产所支付的现金。这包括购买机器设备等所支付的现金及增值税款、建造工程所支付的现金、购买或自创无形资产的现金、人员工资等。

第六，投资所支付的现金。这包括权益性投资和债权性投资支出的现金。

第七，支付的其他与投资活动有关的现金。反映除上述各项目以外与投资活动有关的现金流出。

（三）筹资活动产生的现金流量

第一，吸取投资所收到的现金 = 实收资本贷方发生额 + 资本公积（资本溢价）贷方发生额。

第二，借款所收到的现金。这包括收到各种借入款项所收到的现金。

第三，收到的其他与筹资活动有关的现金。收到除上述项目以外的接受现金捐赠等款项。

第四，偿还债务所支付的现金。反映以现金偿还债务的本金。

第五，分配利润或偿付利息所支付的现金。

第六，支付其他与筹资活动有关的现金。反映除上述项目以外与筹资活动有关的现金流出，如咨询费、公证费、印刷费等。

（四）现金流量表的编制方法

在酒店企业的财务管理中，现金流量表具有不可替代的重要作用。它能够直观地反映企业在一定会计期间内现金和现金等价物的流入与流出情况，帮助企业管理者、投资者及其他利益相关者深入了解企业的资金运作状况、偿债能力以及盈利能力等关键财务信息。因此，掌握科学合理的现金流量表编制方法，对于酒店会计人员而言至关重要。

1. 竖式比较资产负债表的编制

编制竖式比较资产负债表是现金流量表编制的基础准备工作之一。该表通常分为“年初余额”“期末余额”“增减变动”三栏。在编制过程中，首先需要将年度资产负债表各项目的数额准确过入竖式比较资产负债表的相应位置。对于每个项目，通过“期末余额”减去“年初余额”即可计算出“增减变动”数额。这一过程看似简单，但需要会计人员具备高度的细心与严谨，确保数据的准确无误。竖式比较资产负债表为后续现金流量表的编制提供了重要的数据基础，通过对比年初与期末的资产、负债和所有者权益的变动情况，有助于分析企业资金来源与运用的变化趋势，为深入剖析现金流量状况奠定基础。

2. 基于酒店会计核算特点的资料收集

酒店会计核算具有其独特的业务特点，在编制现金流量表时，需要针对这些特点对相关账户进行深入分析、整理，以收集全面且准确的资料。

（1）职工薪酬相关现金支出

从“销售费用”“管理费用”“其他业务成本”等账户入手，仔细分析统计支付给职工的工资以及为职工支付的现金数额。酒店作为劳动密集型行业，职工薪酬是现金支出的重要组成部分。通过对这些账户的详细分析，能够准确掌握企业在人力资源方面的现金流出情况，为现金流量表中经营活动现金流出项目的编制提供关键数据。

（2）其他应收款账户分析

对“其他应收款”账户进行深入分析，统计职工借支差旅费、存出租赁保证金、职工欠款等的年末余额，并查明是否存在工程预付款。在酒店日常运营中，职工借支差旅费等情况较为常见，这些款项的变动会直接影响到企业的现金流量。同时，工程预付款虽然不属于日常经营活动产生的现金流量，但也需要准确区分，以确保现金流量表各项目的分类准确。

（3）其他应付款账户分析

从“其他应付款”账户分析统计应付房租、水电费年末余额，并查明有无投资者临时借入资金。房租、水电费是酒店运营的重要成本支出，其应付余额的变动反映了企业在经营活动中的现金流出压力。而投资者临时借入资金则属于筹资活动的现金流入，准确区分将有助于正确编制现金流量表中的筹资活动相关项目。

（4）固定资产清理账户分析

通过“固定资产清理”账户分析统计处理固定资产收入或付出的现金。酒店固定资产的更新与处置较为频繁，固定资产清理过程中产生的现金流入或流出，对企业的现金流量状况有着重要影响。准确统计这部分现金流量，有助于全面反映企业的资产处置活动及其对现金的影响。

（5）利润分配——未分配利润账户分析

从“利润分配——未分配利润”账户分析统计直接支付的利润。这属于企业筹资活动的现金流出，准确核算这部分现金支出，对于编制现金流量表中筹资活动现金流出项目至关重要。

（6）营业外收支账户分析

对“营业外收入”“营业外支出”账户应查明收付现金的性质，区分经营活动、投资活动、筹资活动各有关数额。酒店可能因各种非日常经营活动产生营业外收支，如固定资产盘盈盘亏、捐赠收支等。明确这些收支的现金性质及所属活动类别，能够确保现金流量表各项目的分类准确，真实反映企业的现金流量状况。

3. 现金流量表内容要求下的调整分录编制

根据现金流量表的内容要求，应当以主营业务收入为起点，按照先利润表项目，后资产负债表项目的顺序，逐项编制调整分录。这一过程需要会计人员深入理解现金流量表的编制原理，准确把握各项目之间的内在联系。例如，对于主营业务收入的调整，需要将其从权责发生制下的收入调整为收付实现制下的现金流入。同时，考虑应收账款、应收票据等项目的变动情况，编制相应的调整分录。对于成本费用的调整，需要将权责发生制下的费用调整为收付实现制下的现金流出，并结合应付账款、应付票据等项目的变动情况进行处理。

在编制调整分录时，要确保每一笔分录都能准确反映现金流量表项目与利润表、资产负债表项目之间的逻辑关系。这需要会计人员具备扎实的会计理论基础和丰富的实务经验，能够灵活运用会计处理方法，从而确保调整分录的准确性和完整性。

4. “T 形账户法”在现金流量表编制中的应用

“T 形账户法”是一种科学且实用的现金流量表编制方法。具体操作步骤如下：

（1）过入利润表资料

将利润表资料的各项目数额过入 T 形账户，属贷方性质的过入 T 形账户的贷方，属借方性质的过入 T 形账户的借方。在过入数字后，在数字下方画一横线，表示是过入数。这一步骤有助于清晰地呈现利润表项目的初始数据，为后续调整分录的登记提供基础。

（2）登记调整分录

将各调整分录的有关项目，分别按照借贷性质登入各 T 形账户。在登记过程中，要仔细核对每一笔分录的金额是否与横线上过入数一致。如不相符，则表明可能存在差错，需要仔细查明原因并及时更正。通过“T 形账户法”，能够直观地反映各项目的增减变动情况，确保现金流量表编制的准确性。

（3）检查核对

在完成所有调整分录的登记后，要对各 T 形账户进行全面检查核对。确保各账户的借贷平衡，且调整后的金额能够准确反映现金流量表各项目的数额。这一步骤是现金流量表编制过程中的关键环节，能够有效避免因数据错误导致的财务报表失真。

5. 现金流量表补充资料栏的编制

现金流量表补充资料栏按照间接法编制，其核心在于将净利润调节为经营活动产生的现金流量净额。

（1）经营活动产生的现金流量净额

“经营活动产生的现金流量净额”数额应与现金流量表首项经营活动产生的现金流量净额相符。在编制过程中，需要从净利润出发，调整不涉及现金收支的经营活动损益项目，如固定资产折旧、无形资产摊销、资产减值准备等。同时，还应考虑经营性应收应付项目的变动情况，如应收账款、应付账款、存货等项目的增减变动对现金流量的影响。通过这些调整，将净利润调节为经营活动产生的现金流量净额，并确保与现金流量表主表中的相应项目数据一致，为财务报表使用者提供准确的现金流量信息。

（2）现金及现金等价物净增加额

补充资料的“现金及现金等价物净增加额”应与比较资产负债表货币资金增减差额相符。货币资金作为现金及现金等价物的主要组成部分，其增减变动直接反映了企业现金及现金等价物的净增加额。在编制现金流量表时，要确保这两个数据的一致性，以验证现金流量表编制的准确性。

第五节　企业内部会计报表

现代企业投资人和管理者，为了提高企业的竞争能力，改善经营管理，多致力于控制及考核各经营部门和有关工作人员的经营业绩。为了满足这方面的需要，会计部门应在编制常规外部会计报表的同时，编制一套反映各经营部门经营业绩详细指标的内部会计报表。现以星辰大酒店编制的 2020 年 12 月内部会计报表举例如下：

一、营业收支月报表

营业收支月报表（表 8-1），根据“主营业务收入”和“主营业务成本”等账户记录编制。各项指标的金额应与利润表有关项目相符。

表 8-1 营业收支月报表

编制单位：星辰大酒店　　　　2024 年 12 月　　　　单位：元

部门 项目	客房	餐饮	商场	蒸汽浴	娱乐	合计
一、营业收入	1021586	644260	161254	121886	80268	2029254
减：营业成本		321685	112620			434305
二、毛利额		322575	48634			371209
三、毛利率		50.1%	30.2%			
减：销售费用	601341	202820	20280	72045	40702	937188
税金	51079	32312	6450	6094	16054	111989
管理费用	107328	33843	3388	1920	857	147336
四、利润	261838	53600	18516	41827	22655	398436
补充资料	客房：本月可出租房 10200 间，实际出租房 9325 间，出租率 91.4%					

该表餐饮和商场的毛利率计算公式为：

$$毛利率 = \frac{毛利额}{营业收入} \times 100\% \qquad (8-1)$$

客房出租率计算公式为：

$$月度出租率 = \frac{本月实际出租房间数}{本月可供出租房间数} \times 100\% \qquad (8-2)$$

本月可出租房间 =（全部房间 − 维修房间数）× 月度日历天数　（8-3）

二、销售费用明细表

销售费用明细表（表 8-2），根据各部门的销售费用明细账编制。销售费用总额应与利润表的销售费用相符。

表 8-2 销售费用明细表

2024 年 12 月

单位：元

项目＼部门	客房	餐饮	商场	蒸汽浴	娱乐	合计
工资	39011	104230	6715	15607	21110	186673
折旧费	42650	12650	4260	3540	6460	69560
修理费	27500	4500	280	1350	2100	35730
燃料费	138650	15400		20500		174550
电费	184300	28940	5160	21800	5250	245450
水费	5200	1280	150	3600	280	10510
物料消耗	65400	8510	1160	2850	1290	78210
电话费	28950	540	120	260	300	30170
洗涤费	35400	3650				39050
服装费	2980	4250	50	100	450	7830
工作餐费	7350	16170	735	1838	1102	27195
低值易耗品摊销	21500	1500	1350	1500	2100	27950
其他	2450	1200	300	100	260	4310
合计	601341	202820	20280	72045	40702	937188

三、管理费用明细表

管理费用明细表（表 8-3），根据管理费用明细账编制。费用总额应与利润表的管理费用相符。

表 8-3 管理费用明细表

2024 年 12 月

单位：元

项目	金额
工资	55336
办公费	2950

续表

项目	金额
差旅费	2420
折旧费	21865
修理费	3218
电费	8859
水费	364
物料消耗	1130
电话费	1546
服装费	2268
应酬费	4548
工作餐费	2940
宣传广告费	12890
绿化费	2560
低值易耗品摊销	18127
排污费	1350
车船使用税	450
印花税	1365
保险费	3150
合计	147336

四、管理费用分配表

管理费用分配表（表8-4），根据各部门月度营业收入和确定的换算系数计算分配。管理费用分配表分配的管理费用供编制营业收支月报使用，不作转账处理。

表 8-4　管理费用分配表

2024 年 12 月

金额单位：元

部门	分配标准			分配率	分配金额
	实际营业收入	换算系数	换算后营业收入		
客房	1021586	2	2043172	0.05253	107328
餐饮	644260	1	644260	0.05253	33843
商场	161254	0.4	64502	0.05253	3388
蒸汽浴	121886	0.4	36560	0.05253	1920
娱乐	80268	0.2	16054	0.05253	857
合计	2029254		2804548	0.05253	147336

注：分配率＝147336÷2804548＝0.05253

分配各部门管理费用 = 各部门换算后营业收入 × 分配率

五、营业税费计算表

营业税费计算表（表 8–5）根据各经营部门的营业收入和税率（包括附加税费）计算。税费总额应与利润表反映的“营业税金及附加”数额相符。

表 8–5　营业税费计算表

2024 年 12 月

金额单位：元

部门	营业收入	税率（%）	税金
客房	1021586	5	51079
餐饮	644260	5	32312
商场	161254	4	6450
蒸汽浴	121886	5	6094
娱乐	80268	20	16054
合计			111989

注：附加税费略。

六、利润汇总表

利润汇总表（表 8-6）根据“本年利润”账户记录分析填列。利润总额应与利润表相符。

表 8-6 利润汇总表

2024 年 12 月

项目	金额（元）
上月累计利润	2665698
加：本月营业利润	398436
其他业务利润	4850
投资收益	26750
营业外收入	2180
财务费用	126
减：营业外支出	1140
所得税费用	142297
（本月利润合计）	（288905）
本月累计利润	2954603

七、餐饮经营毛利完成情况月报表

餐饮经营毛利完成情况月报表（表 8-7），仅编制餐饮部门的经营毛利资料。餐饮的主营业务收入和主营业务成本应按各经营项目设户核算。该表合计栏的营业收入、营业成本、毛利额、毛利率应与营业收支月报表餐饮部门的数额相符。

表 8-7 餐饮经营毛利完成情况月报表

2024 年 12 月

金额单位：元

品种 项目	菜品	海鲜	面点	酒水	合计
营业收入	217145	155622	76115	195378	644260
减：营业成本	108571	69605	20184	123325	321685

续表

项目 \ 品种	菜品	海鲜	面点	酒水	合计
毛利额	108574	86017	55931	72053	322575
毛利率（%）	50	55.3	73.5	36.9	50.1

注：$毛利率=\frac{毛利额}{营业收入}\times 100\%$

思考与练习

1. 会计报表的作用具体体现在哪些方面?
2. 资产负债表究竟包含哪些内容？它又有哪些作用?
3. 利润表的格式和编制方法是怎样的?
4. 简单论述现金流量表的编制方法。

参考文献

[1] 胡勇兵 . 跨国酒店海外空间分布格局及经营模式分析 [J]. 对外经贸实务，2019（10）：86-89.

[2] 贾翠凤 . 酒店财务管理的新趋势以及人才培养对策 [J]. 中国商论，2018（18）：158-159.

[3] 李志宏 . 酒店财务管理 [M]. 北京：北京理工大学出版社，2019.

[4] 林艳 . 关于酒店成本管理与控制的探讨 [J]. 商业观察，2021（30）：66.

[5] 刘光强，干胜道，姜骞 . 酒店行业管理会计创新研究——以海南国际旅游岛酒店为例 [J]. 会计之友，2020（16）：12-18.

[6] 刘学艺 . 文旅融合背景下酒店管理的策略与优化 [J]. 建筑结构，2023（12）：190-191.

[7] 宋涛 . 酒店财务管理 [M]. 武汉：华中科技大学出版社，2014.

[8] 王丹鹤 . 酒店管理概论 [M]. 北京：机械工业出版社，2022.

[9] 王欢 . 企业财务报表编制分析与应用研究 [J]. 乡镇企业导报，2024（19）：150.

[10] 王艳 . 酒店客房收入会计核算控制分析 [J]. 新财经（理论版），2014（1）：266.

[11] 谢彩虹 . 餐饮公司原材料采购管理对成本控制的影响 [J]. 财富时代，2024（9）：73.

[12] 许爱云 . 商务型酒店餐饮食品安全管理研究 [J]. 核农学报，2022（7）：1512.

[13] 许国祥 . 酒店厨房营业成本的控制与核算方法探析 [J]. 现代营销（经营版），2018（10）：132.

[14] 杨华 . 刍议酒店固定资产管理的问题及措施 [J]. 中国经贸，2018（4）：79.

[15] 叶江建，朱凤萍 . 基于 PDCA 循环的国有酒店成本管理优化研究 [J]. 商业会计，2022（4）：66–68.

[16] 尹力民 . 现代酒店会计核算制度下的内部财务控制探讨 [J]. 经济研究参考，2012（16）：60.

[17] 余海龙 . 酒店项目投资风险防控策略研究 [J]. 质量与市场，2022（6）：175.

[18] 张虎 . 基于价值链的酒店成本管理优化路径研究 [J]. 当代会计，2024（15）：108–110.

[19] 张岚 . 论成本控制目标下的现代酒店财务管理策略 [J]. 投资与创业，2025（1）：97.

[20] 张裕辉 . 审计过程中的查账技巧 [J]. 农村财务会计，2018（12）：33.

[21] 赵鹏，董帅 . 交易成本和资源错配视角下数字经济发展影响流通业结构高级化的机制 [J]. 商业经济研究，2024（22）：118–123.

[22] 周龙腾 . 酒店会计全流程演练 [M]. 北京：中国宇航出版社，2012.

[23] 周敏锐 . 高星级酒店战略成本管理研究——以金陵饭店为例 [J]. 会计之友，2022（20）：96–102.

[24] 徐伟丽 . 成本会计学习指导书（第 3 版）[M]. 上海：立信会计出版社，2024.

[25] 徐伟丽 . 管理会计（第 3 版）[M]. 上海：立信会计出版社，2023.

[26] 牛梓光 . 酒店经营中做好财务管理的若干思考 [J]. 中国乡镇企业会计，2025（10）：159–161.

[27] 和琳璐 . 委托管理模式下酒店财务管理要点及措施 [J]. 中国农业会计，2025（10）：15–17.

[28] 覃远 . 成本控制视角下对中高端酒店经营管理的思考 [J]. 销售与管理，2025（11）：45–47.

[29] 沈其伟 . 酒店财务管理工作中的内部控制问题分析 [J]. 中国集体经济，2024（34）：181–184.

[30] 穆亚鹏 . 锦江酒店连续并购下财务效应的分析 [D]. 武汉：华中科技大学，2024：25–30.

[31] 唐健雄，孙婧瑶，孙桥，等 . 酒店数字化转型动态能力：内涵、结构及测量 [J]. 旅游科学，2023（6）：1–23.

[32] 林兢，陈翔，张香玉 . 新租赁准则对我国酒店业的预期影响及对策——以锦江股份为例 [J]. 财会月刊，2020（3）：71–79.